À l'ombre de ma vie

Florence
CASSEZ

Avec la collaboration de Éric Dussart

À l'ombre de ma vie

Prisonnière de l'État mexicain

TÉMOIGNAGE

À ma mère, à mon père.
Chaque jour, je me bats pour vous ressembler.

La vie persiste dans la mort,
La vérité dans le mensonge,
La lumière dans l'obscurité.

Gandhi (1869-1948)

Préface

Comment une conviction se forge-t-elle ? Cette question, je me la suis souvent posée lorsque, journaliste, j'attendais l'issue des débats d'un jury de cour d'assises, et j'ai vu des innocents condamnés sur la foi de cette « intime conviction » que partageaient neuf jurés, des gens comme vous et moi, et trois magistrats, des gens aussi comme vous et moi, à qui on ne demande pas de justifier leur décision. Cela est un peu irrationnel, car le chemin est long de la conviction à la certitude. Allez demander aux jurés qui ont condamné en première instance les accusés du procès d'Outreau s'ils avaient la certitude que ces derniers étaient coupables, ou s'ils en étaient seulement convaincus.

Alors, comment un doute, une conviction, une certitude prennent-ils naissance ?

Florence Cassez est entrée dans ma vie en ce jour de décembre 2005 où une dépêche de l'AFP nous annonçait qu'elle venait d'être arrêtée, à Mexico, et qu'elle était soupçonnée de complicité avec un gang local, « Los Zodiacos », spécialisé dans les enlèvements. En règle générale, en France, ce genre d'information fait la une un jour ou deux, puis s'étiole et disparaît. Mais les parents de Florence ont décidé de se battre, ont construit un site Web, ont alerté la presse, persuadés de l'innocence de leur fille. Ils m'ont permis d'entrer en relation avec l'avocat mexicain de Florence, Me Jorge Ochoa. Pendant des semaines, nous avons échangé : il semblait persuadé de l'innocence de Florence et assez optimiste sur l'issue de la procédure, mais ne cachait pas son inquiétude quant à une éventuelle machination qui sous-tendrait le dossier.

À ce stade, j'ai commencé à douter. Je me suis documenté sur le fonctionnement de la justice au Mexique, j'ai téléchargé le code pénal et le code de procédure pénale mexicains sur mon ordinateur, et j'ai vite compris que le pouvoir politique tenait l'institution judiciaire entre ses mains. Avec Jorge Ochoa, nous continuions à échanger. Il me parlait de la fragilité des témoignages à charge, des manipulations possibles...

Pour des raisons personnelles, je devais me rendre au Mexique en février 2006. Quel hasard me faisait ainsi croiser la route de Florence ? Son avocat allait me ménager une rencontre, dans le centre de garde à vue où elle était détenue, au cœur de Mexico. Mais pas question de faire entrer un journaliste dans cette enceinte. Je serais donc son oncle, son *tio*. Cette fausse identité allait me suivre jusqu'à ma dernière visite au centre pénitentiaire de Tepepan, il y a quelques mois.

Ce matin-là, Me Ochoa était venu me chercher à mon hôtel, non loin du centre d'affaires de Mexico. Il conduisait un monospace Dodge assez ancien ; il était persuadé que nous étions suivis et prit en conséquence toutes sortes de précautions. Nous nous sommes arrêtés sur le parking d'un centre commercial, en sommes ressortis par une autre issue et avons pris un taxi pour rejoindre le centre de détention, histoire de brouiller notre piste. J'avoue que toutes ces précautions me semblaient assez rocambolesques.

Bien m'en avait pris d'abandonner ma carte de presse dans la voiture de l'avocat : la fouille était sérieuse, et les gardiens peu souriants. Ils n'allaient me laisser qu'une recharge de stylo-bille et un minuscule bloc-notes. J'allais rencontrer Florence dans la cour intérieure du centre de détention. Nous ne nous connaissions pas. Je savais juste qu'elle était rousse et porterait un tee-shirt rouge, la couleur dévolue aux auteurs présumés d'enlèvements.

Nous avons parlé longtemps dans cette cour. Et quand vint le moment de nous quitter, Florence me glissa subrepticement quelques pages de cahier pliées et repliées cent fois sur elles-mêmes, que je n'eus aucune difficulté à emporter à l'extérieur. J'ai encore dans les yeux cet instant où, après avoir embrassé son « oncle », Florence s'est littéralement enfuie vers sa cellule, sans se retourner.

Je pense qu'elle pleurait.

Ce matin-là, j'ai commencé à me dire qu'elle était très probablement innocente.

De retour à l'hôtel, après avoir entendu Jorge Ochoa me conseiller, « pour ma sécurité », de ne pas m'attarder dans le district fédéral, et après avoir utilisé d'autres ruses de Sioux pour semer d'éventuels suiveurs, j'ai déplié sur une table les feuillets confiés par Florence. D'une toute petite écriture serrée, elle racontait... Je verrais cela plus tard ; j'avais rendez-vous cet après-midi-là avec les pyramides de la lune et du soleil.

Quand je regagnai l'hôtel, en fin de journée, je constatai que ces documents avaient disparu.

Quelques questions auprès du personnel me permirent de comprendre très vite que ma chambre avait bien été visitée, et pas par des cambrioleurs ordinaires… Ce soir-là, j'ai acquis la certitude que cette affaire dépassait largement Florence, et qu'elle était en train de devenir une affaire d'État. Deux hypothèses semblaient plausibles : la vengeance du *señor* Margolis, l'ancien associé du frère de Florence, qui avait ses entrées dans les couloirs des services de police et de renseignements, ou celle de Genaro Garcia Luna, alors patron de l'Agence fédérale d'investigation, humilié en direct à la télévision par Florence. Ou la conjonction des deux.

J'ai continué d'étudier ce que je pouvais du dossier ; je suis revenu au Mexique quelques jours, lors du déroulement de cet interminable procès dont j'étais en quelque sorte le seul juré, et j'ai peu à peu construit mon intime conviction. Bien sûr, rien ne tenait dans cette accusation ; bien sûr, les témoins mentaient ; bien sûr, l'enquête policière avait délibérément négligé des pistes sérieuses… Bien sûr, Florence était innocente.

Il restait un dernier pas à franchir : passer de la conviction à la certitude. Les parents de Florence, laquelle avait été, contre toute attente – du moins dans notre conception du fonctionnement de la justice –, condamnée en appel, venaient de s'attacher les services de Frank Berton. Le célèbre avocat avait repris tout le dossier, et mis en évidence toutes les incohérences d'une instruction menée totalement à charge, les faux témoignages et les pistes délibérément oubliées. Je l'ai accompagné lors de son premier voyage à Mexico. Nous avons longuement échangé. Il m'a permis de prendre connaissance de pièces du dossier que j'ignorais. Nous avons rencontré des confrères, journalistes et avocats, nous avons revu Florence.

Tout au long de cette histoire, j'ai été successivement partagé entre deux impératifs. D'abord, faire en sorte que l'on n'oublie pas cette jeune femme condamnée en première instance à près d'un siècle de prison ; ensuite, et surtout, participer à la démonstration de son innocence. C'est pour répondre à cette seconde exigence que je me suis astreint à repousser souvent mes émotions, à me condamner moi-même à une grande rigueur, de sorte que je peux aujourd'hui demander au lecteur de partager ma certitude. Il n'y a pas l'ombre d'un doute : Florence Cassez est innocente.

Jacques-Yves Tapon,
novembre 2009

1

8 décembre 2005

Je sais bien que je laisse un morceau de ma vie derrière moi, mais je n'ai pas de regrets, pas de mélancolie. Au contraire, ce matin est le début d'autre chose qui m'enthousiasme, et même si je ne dois pas trop le montrer encore, je suis excitée à l'idée que ma vie prend un nouveau départ ici. J'ai trouvé un bon travail et un appartement dans le centre de Mexico. Il me reste à m'investir, à convaincre, à gravir les échelons. Tout ce que j'aime.

Israël roule tranquillement, mais il est tendu. À l'arrière de la camionnette, nous avons chargé les quelques meubles qui me restaient chez lui. Il a bien voulu m'aider jusqu'au bout, mais je sens qu'il fait beaucoup d'efforts. Les trois mois que nous venons de passer dans son ranch de Topilejo n'ont pas été les plus simples pour lui, mais il a été gentil. Il a bien voulu m'héberger encore, après notre rupture, à faire copain-copine, vivre sa vie chacun de son côté, même si la maison n'est pas si grande.

C'est une histoire de quelques mois qui s'est terminée doucement, sans heurts. Israël a bien compris que les choses lui échappent, que je ne reviendrai pas en arrière. C'est vrai qu'il est macho, qu'il s'est parfois montré un peu trop jaloux, mais il est gentil. Et intelligent aussi. Il a su me dire qu'il aimerait renouer mais sans jamais insister, sans se montrer trop lourd, cachant parfois sous des gestes doux une déception qu'il n'a pas voulu m'infliger.

Il est encore tôt, même pas dix heures, et le soleil bas de décembre pose une gaieté un peu décalée sur la route qui descend vers Mexico en se faufilant dans la verdure de cette banlieue rurale. Pendant les silences un peu lourds où l'on n'entend que les grincements de la camionnette, je regarde s'éloigner Topilejo en me disant que je ne reviendrai jamais au ranch, que c'est peut-être la dernière fois que je vois Israël. J'ai hâte de me poser enfin dans mon nouvel appartement, d'y dormir ce soir et de me plonger dans ma nouvelle vie. J'ai confiance en moi parce que les tests psychologiques et les entretiens que j'ai subis à l'hôtel Fiesta Americana étaient costauds et que j'ai l'impression de l'avoir emporté haut la main. Je voulais vraiment cette place d'hôtesse à l'étage VIP d'un des plus grands hôtels de Mexico, et maintenant je suis optimiste : j'ai trente ans, je ne resterai pas longtemps à l'accueil, je vais progresser, m'imposer, et un jour je pourrai rentrer en France avec cette expérience en plus, maintenant que je parle espagnol.

Israël a dû s'arrêter : un camion de gaz est en travers de la route. J'ai d'abord cru à une panne, mais il y a sans doute des travaux parce que les hommes qui s'approchent doucement de nous portent des gilets orange, comme les ouvriers sur les routes. Ils expliquent qu'il faut attendre un peu et je regarde ailleurs en posant ma tête tranquillement, sans entendre qu'il s'agit en fait d'un contrôle d'identité comme on en voit souvent ici et qu'Israël met du temps à trouver ses papiers. L'homme attend, sans s'agacer, jetant un coup d'œil à l'arrière de la camionnette.

— Qu'est-ce que vous transportez ?

— Ses meubles.

— C'est qui ?

— C'est ma copine...

Je ne sais pas s'il a dit cela pour simplifier ou s'il n'a pas pu s'en empêcher, mais je n'ai pas le temps de me poser la question : d'autres types que je n'ai pas vus arriver ont ouvert les portières et Israël est déjà emmené sans ménagements, un blouson enroulé sur sa tête, pendant que trois ou quatre autres hommes sont montés de mon côté. Je ne comprends rien à ce qui se passe, le véhicule démarre et on m'oblige à baisser la tête, en même temps qu'on me prend mon téléphone mobile. Il y a un homme à côté de moi et deux ou trois sur mes épaules. J'ai mal, j'ai peur. Je me retrouve à l'arrière de la camionnette qui roule encore un moment ; personne ne me parle, et quand on s'arrête, que la porte coulisse, je ne sais pas ce qu'on veut de moi.

Il y a une autre camionnette, juste à côté, et c'est là que je dois monter. Pas moyen de réfléchir, aucune idée ne me vient, j'ai juste peur, terriblement peur, et ça m'empêche de parler et de penser, de demander pourquoi il fait si noir maintenant, pourquoi le gars qui vient de démarrer se met à rouler si vite, n'importe comment, tellement vite que le siège sur lequel on m'a assise bascule en arrière, que je me retrouve dans le fond de la malle, secouée, cognée, morte de trouille et ne sachant pas ce qui m'arrive, et si ces gars sont vraiment de la police, après tout...

Ça dure bien trois quarts d'heure, peut-être une heure. On s'arrête et une femme vient s'asseoir à côté de moi. Il fait toujours aussi noir ; elle a une lampe torche mais je ne la vois pas bien. J'aperçois juste son air brusque, sévère, presque masculin, quand elle m'explique qu'au Mexique il y a la police, la police des polices et, tout en haut, l'AFI, l'Agence fédérale d'investigation, et qu'eux tous font partie de cette élite-là. Je ne sais pas encore très bien ce que cela signifie, si je dois être rassurée. De toute façon, je n'arrive pas à me contrôler. C'est plus fort que moi : je suis perdue, tétanisée par la brutalité avec laquelle on m'a arrachée à mes rêves.

Pourtant, elle veut être rassurante.

— Nous surveillons Israël Vallarta depuis des mois. Nous l'avons suivi, avons repéré ses contacts et ses occupations. Vous, vous n'avez rien à craindre, on ne vous inquiétera pas, mais nous avons quelques questions à vous poser, juste en tant que témoin, puisque vous étiez avec lui.

Elle me dit qu'ils cherchent une petite fille, dans une maison, à Xochimilco, mais je ne comprends pas ce qu'Israël a à voir avec tout cela. Elle ne veut pas en dire plus. Elle a pris mon sac et commence à le fouiller, à en tirer mon téléphone qu'elle ouvre nerveusement pour en consulter le répertoire, en me montrant les noms, les uns après les autres. Elle veut savoir à qui ils correspondent.

— C'est un frère d'Israël… Là, c'est mon frère… Celui-là, c'est un copain…

Elle recommence. Mêmes réponses, mais plus sereinement, je reprends peut-être un peu confiance. En tout cas, j'ose demander si je pourrai aller travailler, je dois commencer à quinze heures à l'hôtel.

— Tu vas aller travailler, m'assure-t-elle.

Puis elle m'explique encore que ce qui les intéresse, c'est cette petite fille, à Xochimilco. Je connais ce quartier-là parce que la sœur d'Israël y habite. Je le lui dis, je décris la maison de Lupita, la rue où elle habite, mais apparemment ça ne l'intéresse pas.

— Non, c'est pas ça...

Et le temps passe. Parfois, elle me laisse dans la camionnette, avec des types en armes qui portent des cagoules noires. Ils ne disent rien. Et elle revient. Encore une fois, elle raconte qu'ils sont sur la piste d'Israël depuis longtemps, qu'ils sont sûrs d'eux tellement ils l'ont surveillé et je comprends qu'ils lui reprochent d'avoir enlevé des gens, de les avoir séquestrés. C'est impossible, ils se trompent, ça ne peut pas être Israël, et c'est ce que je lui dis, à cette femme obstinée, hermétique, qui semble s'agacer à mesure que la journée avance.

Quelle heure est-il maintenant ? Je suis toujours dans le noir de cette camionnette, mais il fait chaud, maintenant. Très chaud. C'est ainsi, l'hiver au Mexique : il fait très froid la nuit, mais les bonnes journées, le soleil tape fort au milieu de l'après-midi. J'ai peu à peu l'angoisse d'être en retard pour mon premier jour de travail, d'être obligée après de me justifier. Qu'est-ce que je vais bien pouvoir leur raconter ? Comment vont-ils le prendre ? Je viens de le trouver, ce boulot...

Elle revient encore. Les hommes armés, en uniforme de l'AFI, se relaient autour de moi ; je ne suis jamais seule, même pas pour uriner. J'ai demandé, mais ils m'ont apporté un seau et ils sont restés là, dans la camionnette ; c'est insoutenable et je me sens mal. Je suis de plus en plus perdue, incapable de me situer autrement qu'entre les tôles de cette camionnette noire.

La femme me pose encore les mêmes questions, me dit encore une fois qu'Israël a commis des enlèvements, me montre des papiers que je n'arrive pas à lire, comme pour me prouver que c'est sûr, mais je n'y crois pas. D'ailleurs, un moment elle donne le nom d'Israël en entier et là je comprends : il y a erreur. Elle a dit « Israël Vallarta Fernandez ». C'est un autre, bien sûr, et je lui dis :

— Israël s'appelle Vallarta Cisneros ! Vous vous êtes trompés !

Mais rien à faire. Des mois plus tard, je reverrai les mêmes papiers et le nom aura été changé.

On ne m'a pas encore laissée reprendre mes esprits. Peut-être que tout ça n'est qu'un cauchemar, après tout. Des enlèvements ! Et puis quoi, encore ? Je sais qu'ici le kidnapping est presque un sport national, qu'on en voit plein les journaux, que des policiers corrompus y sont mêlés, parfois, et qu'avec les narcotrafiquants, c'est la plaie principale de ce pays, un véritable business. Mais comme je me sens loin de tout ça ! Et Israël ? C'est impossible, pas lui. C'est un type sympa, Israël, qui bosse et qui a des plaisirs simples. Les balades à la campagne, avec ses chiens... Comment aurait-il pu enlever des gens ? Et une petite fille ?

J'ai froid. C'est sûrement la nuit, parce que les bruits sont plus étouffés. Il y a un bon moment que je suis seule dans la camionnette, personne ne vient me voir ; il ne reste que les deux hommes devant, derrière un gros rideau. Au plafond, il y a une sorte de périscope, comme dans les sous-marins. Il ne faut pas que je fasse de bruit, que je bouge trop brusquement, je vais tenter de regarder. J'ose à peine m'approcher, c'est la première fois que j'entreprends quelque chose. C'est incroyable, mais ce geste inoffensif m'effraie. Je colle mon œil et j'aperçois... des voitures, des bâtiments, une grande place, comme un parking. Et le monument de la Révolution ! Voilà où on est : sur la place de la Révolution, en plein centre de Mexico. Mais qu'est-ce qu'on attend là ? Pourquoi c'est si long ? J'ai mal au dos, de plus en plus mal. Je suis tendue, comme bloquée, c'est sûrement la peur. Je m'allonge mais je ne m'endors pas, évidemment. J'écoute les deux types devant qui discutent comme si je n'étais pas là. Ils parlent de leur boulot, de leurs problèmes. Il y a des vols dans leurs vestiaires, je crois, et aussi ils regrettent qu'il n'y ait pas de douche. Ça n'a rien à voir, je n'ai peut-être pas bien compris.

Même avec cette couverture qu'ils m'ont donnée, je suis gelée. Les heures passent et je grelotte toute seule. Ils vont bien venir, à un moment ou un autre, me dire qu'ils se sont trompés, qu'ils ont vérifié et que ce n'était pas nous, pas moi. Ils vont demander pardon, peut-être pas après tout, mais je m'en moque, du moment qu'ils me laissent partir. Je suis si fatiguée. J'ai si mal.

Ils bougent. Ils viennent de recevoir un appel, à la radio. C'est la première fois et ça les met en colère :

— Fils de pute ! Enfoiré !

Je ne sais pas à qui ils parlent, mais d'un seul coup tout change. Ils sont énervés, ils démarrent en trombe et ça recommence, cette fois avec la sirène, les virages. Je suis ballottée, j'essaie de me cramponner, mais c'est dur. Un des hommes est venu me rejoindre à l'arrière, il me maintient par les épaules et me crie de la fermer. Je ne sais même pas si j'ai parlé. Pourtant, j'aimerais savoir où on va, cette fois. Il me passe par la tête qu'on rentre peut-être au ranch, qu'ils vont me libérer, mais j'ai aussi l'impression que l'ambiance a changé. Il me répète de la fermer.

On s'arrête, enfin. Il y a du bruit, des cris, on ouvre la porte de la camionnette et je dois descendre. On est au ranch. Mais quel monde ! Des camionnettes noires de l'AFI partout, des hommes en armes, cagoulés, qui me regardent. Et Israël ! Dans un état pitoyable. Il tient à peine debout, il vomit, je crois, tellement on l'a battu, et on continue à le battre. Des types en uniforme de l'AFI lui tapent dans le ventre, il ne me voit pas, il ne voit plus rien.

Un instant, j'aperçois les étoiles. Le ciel est noir, j'ai terriblement froid, je grelotte et encore une fois je ne sais pas si c'est à cause du froid ou de la peur, parce que je me dis que tout peut m'arriver. Ces types ont ma vie entre leurs mains, que vont-ils en faire ?

On me ramène à la camionnette. Le costaud qui tapait Israël vient me rejoindre, il me regarde droit dans les yeux, avec un air que je n'arrive pas à définir, et il me demande :

— Et maintenant ?

Je ne sais pas ce qu'il veut dire, je ne sais pas quoi répondre, alors il réitère sa question :

— Et maintenant ? Qu'est-ce qu'on fait ?

Je finis par lui dire que je ne comprends pas, par lui dire n'importe quoi, et c'est terrible parce que c'est peut-être ma chance qui vient de passer. C'est comme ça, au Mexique. « Et maintenant ? », c'est ce que disent les flics quand ils proposent un arrangement. Pour un feu rouge grillé ou pour n'importe quel délit, chaque fois que c'est possible. Mais moi, je ne le sais pas. Et même si je le savais, qu'est-ce que j'aurais bien pu lui répondre, à ce gros Mexicain ? Je suis innocente, je n'ai pas besoin d'un arrangement, ils vont bien finir par s'en rendre compte. Je suis innocente. Je me raccroche à ça parce que tout le reste m'échappe. On me pousse vers la petite cabane à l'entrée du ranch, où j'étais allée une fois, avec Israël. Je me souviens qu'elle était pleine d'outils, mais maintenant elle est débarrassée ; on a mis un faux mur en bois, quelques meubles n'importe comment et c'est là qu'on m'amène, suivie d'Israël, qui n'a toujours rien dit, qui ne tient plus debout.

Je ne m'étais pas trompée, leur comportement à mon égard a changé. Plus personne ne me dit de ne pas m'en faire, que je ne suis que témoin ; on me traite comme Israël, je prends des coups au passage dans l'affolement de toute cette mise en scène trépidante qui dure une éternité, comme s'ils voulaient construire une atmosphère, changeant les meubles de place, parce que c'est mieux comme ça, et puis non, plutôt comme ça, dans les cris des ordres et des contre-ordres. Pendant quelques instants, mon regard croise celui d'un barbu que je ne connais pas et qui me regarde fixement pendant que je prends encore des coups. Je le vois avec son bandeau dans les cheveux, puis il disparaît. Il m'a juste regardée un moment, comme pour me détailler. J'entends qu'il s'appelle Ezequiel. Quand tout ça est terminé, ils sortent les uns après les autres, nous jettent sur le canapé – j'ai les mains menottées sous la couverture – et nous ordonnent de garder la tête baissée jusqu'au moment où la porte s'ouvrira.

C'est long.

En fait, nous ne sommes pas seuls parce qu'un homme est resté derrière la porte pour nous surveiller. Il y a des bruits dehors mais plutôt étouffés, on ne comprend pas ce que cela veut dire.

Puis la porte s'ouvre. Poussée par une vingtaine de types qui foncent sur Israël et c'est reparti, ils le frappent, lui attachent les mains dans le dos et le collent au sol. Il y a du monde partout et en plus des flics, maintenant, il y a des équipes de télévision. D'ailleurs, ce sont eux, avec leurs micros, qui interrogent Israël, pendant que je suis tenue à l'écart, maintenue par deux ou trois hommes, malmenée et bousculée.

C'est la première fois que j'entends sa voix depuis qu'on est revenu ici, mais j'aurais préféré ne jamais entendre ça. Je suis stupéfaite. J'hallucine. Devant les caméras, et même avec un brin de fierté, peut-être, Israël reconnaît qu'il est bien celui qu'on appelle « le Cancer », qu'il a bien séquestré ces gens-là, et d'autres aussi, qu'il était payé pour ça. Il donne des chiffres pour répondre aux questions et reconnaît encore d'autres kidnappings, je crois. Je ne suis plus sûre de rien. Excepté un détail. Il raconte que les autres voulaient faire mal à l'enfant et que c'est pour ça qu'il a amené l'enfant ici. Mais il n'y a jamais eu aucun enfant dans cette cabane, et nulle part ailleurs au ranch, je le sais bien, je m'en serais aperçue !

Des policiers sont passés de l'autre côté de la fausse cloison qu'ils ont installée plus tôt, et maintenant on entend des voix qui crient avec eux. Il y a une femme, c'est sûr, elle hurle – « Laissez-les, laissez-les, ils n'y sont pour rien ! » –, et c'est à ce moment-là que je me rends compte qu'il y avait quelqu'un derrière ce mur de bois. Sans doute plusieurs personnes qui se sont tenues tranquilles pendant notre longue attente, avant que la porte soit ouverte, parce qu'on ne les a pas entendues, on ne s'est même pas rendu compte de leur présence. Je découvre qu'ils sont trois. La femme crie encore :

— Non, ils n'ont rien à voir ! Laissez-les, c'est pas eux !

Les policiers les ramènent, les journalistes filment le barbu et l'homme au bandeau.

Dans la folie de cet assaut, ce n'est pas ça que les gens regardent à la télévision. Ils regardent plutôt les deux personnes qu'on leur présente comme des ravisseurs, ils voient apparaître trois prisonniers, dont un enfant, et ils croient que tout cela est vrai, bien sûr. Qui peut s'imaginer, à cet instant, que j'ai quitté ce ranch tranquille moins de vingt-quatre heures plus tôt, et que depuis on m'a séquestrée et ramenée là, qu'on m'a obligée à baisser la tête et à faire tout un tas de choses auxquelles je ne comprends rien ?...

Je suis perdue. Comme si j'étais seule au milieu de ce fracas à me demander si tout ça est bien vrai et pourquoi Israël raconte ces choses. Il ne peut presque plus parler, maintenant, tant on l'a frappé, et je vois des caméras vers moi, des micros, des hommes qui me demandent si je savais, des mains qui me giflent, aussi, et je réponds presque sans m'en rendre compte que je ne savais pas, que j'ignorais tout ça et je répète :

— Je suis innocente, je suis innocente...

Je ne sais pas qu'à ce moment-là des millions de Mexicains sont devant leur poste de télévision et suivent tout ce montage en direct, qu'on leur présente tout cela comme une vraie arrestation, parce que les deux chaînes qui nous filment sont parmi les plus regardées du pays. Ça n'aurait rien changé que je sache cela, car je suis loin de m'imaginer que ces images allaient tourner en boucle, qu'on les verrait à Mexico et dans le reste du pays, dans les maisons, dans les prisons, et qu'à cet instant je suis en train de devenir Florence la Française, Florence la diabolique, l'égérie de la bande des Zodiacos dont je n'ai même jamais entendu parler. Je répète encore que je ne savais pas, que je suis innocente, mais un type en noir me demande pourquoi je faisais ça, me menace, me frappe jusqu'à ce qu'un membre de l'AFI lui dise d'arrêter et m'emmène dehors, vers les camionnettes. On nous laisse un instant l'un à côté de l'autre, deux flics autour de nous, et c'est la première fois que j'essaie de parler à Israël, de lui demander ce que tout cela veut dire, mais il garde la tête baissée, il ne répond pas. J'ai vu dans les journaux qu'une photo a été prise à cet instant, je l'ai reconnue, je me souviens parfaitement de ces quelques minutes où je grelottais, une couverture bleue sur les épaules, appuyée sur la camionnette blanche de la police, et Israël à ma gauche, entre deux gars de l'AFI avec leurs gilets pare-balles et leurs fusils mitrailleurs.

Mais les télés veulent encore une image, alors on nous ramène et on nous pose les mêmes questions. Moi, je recommence, de nouveau affolée, sachant juste qu'il faut que tout le monde me croie, que je n'ai rien à voir avec tout ça. Les caméras filment à nouveau et le Mexique tout entier me voit et m'entend répéter :

— Je suis innocente, je ne savais pas, je ne savais pas, je suis innocente...

Je vois bien que ça n'y fait rien. Terrorisée, je comprends qu'on me regarde comme une criminelle, exactement comme Israël, qui vient de faire ces aveux terribles et qui prend encore des coups, pendant qu'on nous installe dans un autre véhicule. Il est à côté de moi, les mains menottées dans le dos, on lui plaque la tête sur ses genoux et pendant qu'on démarre, deux des policiers l'insultent tandis que les deux autres me regardent en me demandant ce que je faisais là. Je ne les sens pas agressifs, ils me demandent simplement comment je suis arrivée là et je me le demande, moi aussi. Il y en a même un qui me prend la main, je me dis qu'il s'est rendu compte que tout ça est une méprise. Dehors, pendant que nous roulons, des motos nous suivent et des caméras filment. Sur la route qui nous ramène à Mexico, les images ne montreront que moi, parce que Israël a la tête maintenue baissée, entre ses jambes, par deux types de l'AFI, alors que je suis droite, tellement droite qu'on jurerait une pose de défi alors que je suis morte de trouille. C'est comme ça qu'on me verra arriver au siège de l'AFI. C'est là que je commence à devenir une vedette.

2

Je suis si loin de ma vie. Décidément, rien ne s'est déroulé comme je le souhaitais. J'étais arrivée pleine d'ambitions, ravie de l'opportunité que m'offrait Sébastien, mon grand frère, et bien décidée à me refaire. J'en avais tellement besoin après avoir gâché ma chance en France. J'ai commis des erreurs, je le sais bien. Peut-être parce que tout est allé trop vite, parce que j'en voulais trop, tout de suite.

J'étais pourtant bien partie. J'avais trouvé ma voie et, quand on a quitté l'école à seize ans, ce n'est pas le plus facile. Le système éducatif n'était pas fait pour moi. J'étais trop impatiente, trop impulsive, et les cours ne m'intéressaient pas ; peut-être parce que je n'ai jamais pris la peine de m'y intéresser. J'avais la tête ailleurs. Je papillonnais avec mes amis, je m'amusais beaucoup et je sais qu'on me trouvait sympa, même si les profs se désespéraient et que mes parents n'appréciaient pas vraiment mon comportement. Ils me trouvaient un peu légère. Sans doute à la traîne d'une famille où chacun avait réussi, mon père avec son entreprise de textile, ma mère dans l'étude d'un notaire et mes deux frères en poursuivant leurs études.

Alors, quand j'ai décidé de quitter le lycée à seize ans, j'avais une envie folle de leur prouver que je pouvais réussir toute seule, juste avec ma volonté. Après tout, je n'ai jamais été paresseuse. Il fallait juste que je trouve ma place, que je sache quoi faire de tout mon enthousiasme. Et j'ai trouvé.

Un jour de 1997, je suis entrée dans un grand magasin de meubles et de linge, à Dunkerque. J'ai aimé l'ambiance, l'espace, les gens qui passaient, et je me suis dit que je pouvais y faire mon trou. Justement ils cherchaient quelqu'un de disponible et de déterminé pour leur agence d'Amiens. En quelques semaines, j'avais fait mes preuves. Je travaillais comme une folle, je faisais toujours plus d'heures et les gens m'appréciaient. Je me régalais et j'avais l'impression que tout me réussissait. Rapidement, je suis passée chef de rayon puis, encore mieux, responsable de secteur, et j'en voulais toujours plus. On m'a demandé si j'étais prête à changer d'endroit parce que dans un autre magasin on avait besoin de quelqu'un comme moi. J'ai sauté sur l'occasion. C'était ça, ma vie : travailler, progresser, réussir. Je sentais que dans cette entreprise c'était possible. Qu'ils donnaient leur chance à des gens comme moi, et même qu'ils en cherchaient. En 2001, j'ai été nommée directrice du magasin de Calais. J'avais vingt-sept ans, et vingt-sept vendeuses avec moi. Je ne connaissais pas la ville, mais ce n'était pas très important. Je ne sortais pas beaucoup, sauf quelquefois avec des collègues. La plupart de mon temps, je le passais dans ce magasin qu'on m'avait chargée de relancer. Je m'y suis mise comme je sais le faire. J'ai amélioré le chiffre d'affaires, j'ai modernisé le magasin, et je m'entendais bien avec les filles qui travaillaient là. Depuis que je suis en prison, j'ai reçu des courriers de certaines d'entre elles. Et on m'a dit que d'autres, aussi, ont déposé des témoignages et des encouragements sur le site Internet[1] qui a été créé par Jean-Luc Romero pour me soutenir. Cela me fait chaud au cœur et en même temps je m'en veux d'avoir plaqué cette vie-là.

Je repense alors à cette année 2002. J'étais directrice depuis un peu plus d'un an quand j'ai appris qu'un poste devait être créé pour rassembler trois sites. Un poste de directeur de zone, en quelque sorte. Un poste au-dessus du mien. Pour moi, c'était évident qu'il devait me revenir, je ne réfléchissais pas plus loin. Et puis c'était une progression idéale, tellement tentante. J'ai postulé, j'ai insisté, mais on ne me répondait pas. On ne m'a jamais dit non, c'est vrai, mais je n'ai pas eu de réponse, j'ai été déçue. Je ne comprenais pas les hésitations de ma direction, je ne voyais aucune raison à leurs atermoiements et cela m'a mise en colère.

Dans le même temps, une chaîne de vêtements m'a contactée, par l'intermédiaire d'un chasseur de têtes. Ça m'a rassurée sur mes compétences. Ce n'était pas un poste de directrice, mais on me proposait d'être chef de département, avec un salaire intéressant. Alors, j'ai planté mon emploi et je suis partie dans les vêtements. J'avais un désir de revanche et toujours plus envie de réussir. Après tout, j'avais déjà montré de quoi j'étais capable et les deux entreprises se ressemblaient, finalement. Il y avait beaucoup de magasins, énormément d'employés qui tournaient et des postes qui se libéraient. Je pourrais progresser, là aussi, d'autant que je démarrais comme chef du département Bijoux et Lingerie. Il fallait juste que je suive une formation de six mois à Roubaix, dans laquelle je me suis plongée pour

1. http://leblog.liberezflorencecassez.com

mettre toutes les chances de mon côté. Mais à peine avais-je commencé que les choses se sont un peu gâtées. En fait, dans mon équipe, il y avait une personne en trop : la directrice devait licencier une fille. Je m'en souviendrai toujours... Un midi la directrice m'a invitée à déjeuner et m'a dit : « C'est toi que j'élimine. Parce que si je ne t'élimine pas, bientôt tu prendras ma place... » Je me souviens, ce soir-là, avoir été tellement abattue que j'en ai bu une bouteille de vin toute seule, dans le noir de ma chambre.

J'ai cru mourir de rage. Licenciée ! Pour moi, c'était pire qu'une maladie incurable. Je me disais qu'elle n'avait pas le droit, qu'on ne me vire pas, moi... Malgré ma haine, je sentais bien que tout cela était ma faute. J'ai pleuré toutes les larmes de mon corps. Il ne me restait plus qu'à recommencer, trouver autre chose, même si j'avais le moral à zéro. Alors j'ai fait des petits boulots. Notamment dans un restaurant, vers Béthune. Chaque fois, je m'en sortais bien, on était content de moi, parce que je travaillais toujours autant. Je ne sais pas faire autrement. Et chaque fois, je ne comptais pas mes efforts, bien que mon enthousiasme ne suivît pas car j'étais consciente d'avoir fait un sacré bond en arrière. Finalement, à force d'investissement et d'acharnement, le patron du restaurant a voulu qu'on s'associe. Je n'avais que vingt-huit ans, mais je savais me faire respecter par les clients. Et question commerce, j'avais prouvé de quoi j'étais capable. Mais, en fait, je m'ennuyais. Je n'étais plus dans mon élément, je me languissais de mes postes de directrice, de chef de département, des responsabilités qui vont avec et de l'effervescence de ces temps-là.

C'est à ce moment, bizarrement, que j'ai reçu le coup de fil de Sébastien. Il était déjà installé au

Mexique depuis un moment, il y vivait avec Iolany, sa femme, et leurs deux enfants. J'étais allée deux fois au Mexique, en vacances, et ce pays m'avait plu. Quand j'ai reçu son appel, j'étais au fond du trou. Il avait dû l'apprendre par notre mère. Je me demandais ce que j'avais fait de ma vie, je me reprochais d'avoir tout foutu en l'air à cause de mon impatience, de mon orgueil. J'étais devenue serveuse, ma vie partait de travers et je ne me voyais pas d'avenir. Sébastien me proposait d'aller travailler là-bas avec lui et Iolany, ils étaient associés dans une entreprise de matériel médical qu'ils commercialisaient. Il travaillait déjà avec un certain Eduardo Margolis. J'hésitais un peu, à cause de cette proposition d'association à Béthune. Je savais que je pouvais améliorer le restaurant, l'agrandir. Mais l'expérience mexicaine m'a parue plus tentante.

C'était en février, mon père était très occupé par son entreprise, ma mère aussi avec son travail, et je me suis décidée toute seule ; je ne sais même plus comment on en a parlé, ce qu'ils m'ont dit. De toute façon, ma décision était prise. Avec Sébastien, je me sentais en sécurité et ça ne me posait aucun problème de changer de pays. Bien au contraire, cela annonçait de nouveaux challenges !

J'arrive à Mexico le 11 mars 2003. Sébastien m'attend dans cet aéroport un peu vieillot qui grouille de bruits et de couleurs. Pour moi, c'est une nouvelle vie qui commence. Je suis contente de retrouver mon frère, il a l'air heureux, bien dans sa peau. C'est le plus jeune de mes deux frères, j'ai toujours été très proche de lui. D'Olivier aussi, d'ailleurs. Il est plus réservé, peut-être plus timide, mais je sais qu'il m'aime autant. Il ne l'exprime pas de la même manière, c'est tout. J'ai deux frères très différents, mais nous sommes tous soudés. Je tiens beaucoup à la tendresse d'Olivier et au dynamisme de Sébastien. C'est bien ce qui l'a amené ici, aidé par l'amour de Iolany. Il est venu bâtir, entreprendre, et il comprend bien ce que je recherche : j'ai la ferme intention de travailler, de vivre ici le temps qu'il faudra pour bien apprendre la langue, pour réussir et après préparer une rentrée en France au top. J'aurai une nouvelle expérience et la maîtrise d'une autre langue. Au top ! Je sens que mon passage ici m'ouvrira plein de portes.

Pourtant, ça ne commence pas comme je le pensais. D'abord, Sébastien trouve qu'il vaut mieux que je reste un temps avec Iolany, chez eux. Le temps d'apprendre à me débrouiller en espagnol, selon lui. Rester à la maison alors que lui se lève tous les matins à six heures, part travailler toute la journée et que je vois bien qu'il est parfois débordé ! D'ailleurs, à bien le regarder, je ne le trouve pas si heureux, finalement. Avec ses enfants, oui, il est bien. Avec Iolany aussi, je pense, mais sans certitude. Et puis cela ne me regarde pas, je sais que les couples ont parfois des problèmes et que c'est à eux de les régler. Il ne m'en dit rien et Iolany non plus. D'ailleurs, elle ne me dit pas grand-chose. Je sens qu'elle ne m'apprécie pas beaucoup. J'ai même parfois l'impression qu'elle se méfie de moi. Je me demande si elle n'est pas un peu jalouse de la complicité qui me lie à Sébastien, si je ne suis pas arrivée dans sa vie comme une intruse et sans qu'elle ait véritablement eu le choix. La cohabitation avec elle est donc difficile, tendue. Je déprime un peu. Je vis mal ma dépendance. Je ne sais même pas sortir faire les courses, et puis je ne suis pas venue jusqu'au Mexique pour cette vie-là. Alors, je trouve un moment pour parler à Sébastien et j'insiste pour aller travailler avec lui. Je préfère mille fois me lever à six heures du matin, je suis faite pour cela, et d'ailleurs ce sera bien mieux pour apprendre la langue, parce que ce n'est pas avec Iolany qui me parle français et qui passe son temps à faire des gâteaux que mon espagnol s'améliorera.

Alors, mon frère me trouve un boulot. Je suis un peu déçue parce que ce n'est pas encore avec lui, mais c'est déjà un progrès. En fait, j'ai l'impression qu'il hésite à m'emmener travailler dans son entreprise. Je ne comprends pas pourquoi et cela m'agace. Il m'expliquera plus tard que ses associés sont durs en affaires, qu'ils ne font pas de sentiment. En attendant, je travaille à l'aéroport de Toluca. Rien de bien passionnant : je fais du double étiquetage sur des produits qui arrivent dans des conteneurs. Il fait chaud, c'est un peu dur et je ne parle toujours pas la langue. On se moque de moi quand je demande de l'eau, on rit quand je cherche les toilettes, ce n'est pas vraiment ce que j'imaginais. Ma vie prend un drôle de tour. Heureusement, mon frère est là pour me soutenir. Il a mal au cœur de me voir traitée comme ça, ce qui renforce notre complicité. C'est drôle : il se met à m'appeler « Biquette » par moments, mais jamais devant Iolany, je l'ai bien remarqué. Il est très protecteur, il essaie de faire en sorte que je me sente le mieux possible, mais il est évident que sa femme n'apprécie pas.

Tout ça ne dure que quelques mois. Le temps d'assimiler l'espagnol, ce qui est plutôt rapide, d'ailleurs, entre mes journées au travail et mes soirées devant la télé. Au fil du temps, je me fais quelques amis et j'ai même un petit copain. Pas très longtemps, pas très sérieux. À la fin de l'année 2003, je rentre chez mes parents et c'est à mon retour que Sébastien me prend enfin dans ses bureaux avec lui. Fini les conteneurs de l'aéroport : il veut ouvrir un institut de beauté, et Iolany sera de la partie. Elle recrute deux esthéticiennes et je m'occuperai de l'agencement. Je dois ouvrir la boutique le matin. Pour le financement, Margolis est sûrement dans le coup, parce que c'est à ce moment-là que Sébastien me le présente.

J'avais déjà croisé cet homme soigné, très sûr de lui, sur le parking : les bureaux de sa société sont installés dans le même immeuble que ceux de mon frère et ils font des affaires ensemble, dont je ne connais pas exactement les tenants et les aboutissants. À cette époque, je crois qu'il aime bien Sébastien, qu'il est très content de la manière dont ils travaillent, et il se montre prévenant avec moi dès que mon frère lui dit que je cherche un emploi. Il est de ces hommes qui aiment décider pour les autres, qui s'imposent à vous, et cela ne me plaît qu'à moitié. Je préfère m'arranger avec mon frère, mais Margolis insiste et je sens que Sébastien aimerait qu'on l'écoute. Qu'on essaye, au moins. D'abord, il parle d'une boulangerie dont je pourrais prendre la gérance, puis d'une boutique, mais je ne comprends pas bien. Comme je ne réponds pas, il donne à Sébastien l'adresse d'un restaurant :

— On va aller déjeuner là-bas. Margolis dit que si l'endroit te plaît, tu peux en devenir la gérante !

Alors nous y allons, bien sûr, et mon frère m'explique :

— Cet homme aime ma manière de travailler. Il se dit sans doute que si ma sœur a le même sens du commerce que moi, il doit aussi travailler avec elle…

Bref, il veut deux Cassez pour le prix d'un.

Mais son restaurant est sombre, un peu glauque. Je n'aime pas du tout l'endroit. À la fin du repas, le voilà qui arrive, avec son épouse et ses enfants. Très sûr de lui, comme d'habitude. Exubérant et démonstratif, comme ces gens qui aiment afficher leur réussite. Il a du charisme, c'est vrai, mais je ne suis pas à l'aise. Et puis, je ne suis pas encore suffisamment sûre de moi avec la langue, je ne me sens pas prête. Cela nous donne une bonne excuse pour nous libérer de l'emprise de Margolis. Sébastien lui dit :

— Dans quelques mois, peut-être.

Et je crois qu'il s'en satisfait. Je ne sais pas s'il m'en veut ou s'il est déçu, il ne montre rien.

À Mexico, Eduardo Margolis est à la fois craint et respecté, au moins pour sa réputation sulfureuse. On le dit proche du pouvoir et lié aux cartels. On le reconnaît comme une personne dure en affaires et même introduite jusque dans les Services secrets israéliens. Est-ce que tout ça est vrai ? Je n'en sais rien, mais Sébastien reste prudent.

Avec Iolany, c'est toujours aussi difficile. À l'institut, on ne s'entend pas bien. Je veux apprendre à faire tout ce que font les deux esthéticiennes parce que c'est comme ça que je conçois les choses, de la même manière qu'à Calais, quand j'avais vingt-sept vendeuses sous mes ordres. Je pars du principe que si on ne sait pas faire ce qu'elles font, on ne peut pas se faire respecter. Iolany trouve que je me mêle de tout, et de mon côté je trouve insupportable qu'elle ne fasse rien. Cela ne pourra pas durer. Je rentre encore quelques jours chez mes parents, et à mon retour Iolany me dit au revoir et merci. Elle a pris la boutique pour elle. Alors, enfin, je vais travailler avec mon frère. Sébastien n'a plus le choix, en un sens. Il est à présent conscient que ça ne marchera jamais entre sa femme et moi, et il ne veut surtout pas me laisser tomber. Il me propose un poste comme je l'espérais depuis mon arrivée. Je retrouve le commerce que j'aime : je dois démarcher des clients pour ses appareils médicaux. Je visite des médecins, des hôpitaux : je dois convaincre, vendre, enfin quelque chose qui me plaît vraiment. J'ai un gros fichier de clients et le matériel que vendent mon frère et Eduardo Margolis est très connu. Ils ont l'exclusivité de la distribution de cette marque pour le Mexique. La qualité de leur entreprise me permet d'être chaque fois bien reçue. Quel changement ! Ma vie s'ouvre enfin, je m'éveille, je suis en pleine découverte. Je sillonne Mexico en taxi et découvre cette ville immense, dans laquelle on peut rouler des heures sans jamais en sortir. Le soleil écrase tout, l'air est parfois suffocant, mais c'est une ville agréable, surtout dans son centre. Je découvre le folklore, je vis au jour le jour, j'ai retrouvé mon insouciance. Je me fais d'autres amis, je commence à sortir et mon plus grand bonheur, à ce moment-là, c'est quand Lupita, une copine, me propose de prendre un appartement en colocation. Seule évidemment, c'est un peu cher, mais à deux on s'en sortira. Je suis ravie de retrouver enfin mon indépendance. Le 15 juillet 2004, nous signons un bail d'un an pour un petit appartement, à vingt minutes à pied de mon boulot. Sébastien passe me voir parfois, et on boit une bière tous les deux. On n'en dira rien à Iolany et cela nous fait rire. Lupita connaît beaucoup de monde. Le samedi soir, l'appartement est toujours plein de nouvelles têtes que j'apprends à connaître. On achète des packs de bière et on danse. À côté de chez nous, il y a deux Italiens qui nous emmènent au club de sport. Ma vie ressemble enfin à ce qu'elle était en France, avec en plus le soleil. Je suis épanouie.

C'est précisément à ce moment-là, au creux de l'été 2004, que Sébastien me présente Israël. Un de ses clients, à ce que j'ai compris. Je le salue, mais il ne me fait ni chaud ni froid. La première fois, je le regarde à peine. Puis Sébastien doit partir en France, pour les vacances, au moment où j'ai un petit problème de santé.

— Le type en qui j'ai confiance, c'est Israël, me dit-il.

Il lui demande de m'aider, et très gentiment Israël passe me prendre à l'appartement pour m'emmener chez le médecin. C'est juste une anecdote, je pense même que je ne le reverrai jamais. Quelques jours plus tard, Iolany et Sébastien rentrent de leur séjour et ils me demandent de garder les enfants pour se rendre à une soirée. Quand le téléphone sonne, c'est Israël. Un peu surpris de tomber sur moi, il demande de mes nouvelles, très aimablement. Il parle, je lui raconte ma vie, tellement contente de décrire mon bonheur tout neuf, et c'est sans doute à ce moment-là que je lui donne mon numéro. Parce qu'il appelle une autre fois, puis encore une autre. Au bout d'un moment, il appelle tous les jours. C'est la fin de l'année. Je me suis solidement installée dans mon travail.

Je suis heureuse et je ne me pose pas de questions. Israël me tourne autour, c'est évident. Un peu sans m'en rendre compte, je le laisse entrer dans ma vie. Il me raconte qu'il est séparé de son épouse et que ses deux enfants vivent avec elle, dans le nord du pays. Il ne les voit pas souvent. Il est présent, attentionné, toujours agréable. C'est un garçon très classique, toujours habillé avec soin, sans originalité, mais il dégage une certaine autorité. Pour tout dire, il fait sérieux. Un jour, il m'emmène dans son ranch, à Topilejo. C'est une maison de famille qu'il habite seul, avec un grand mur blanc tout autour, un ravissant jardin avec une statue religieuse au milieu et dans un coin, sur la droite quand on passe le porche d'entrée, une petite construction que je remarque à peine, comme une cabane de jardin. Au-dessus de l'entrée, il y a le nom : « Rancho Las Chinitas ». Ce n'est pas très grand, mais l'endroit a du charme. C'est à la sortie sud de Mexico, à une petite heure de route du centre-ville, c'est un peu la campagne. C'est même vallonné, je trouve le tout plutôt joli. À l'intérieur, il y a un billard et nous y jouons une bonne partie de l'après-midi ; il fait beau et nous passons un bon moment. Puis Israël me ramène chez moi, et quelques jours plus tard il m'offre un disque que je ne connais pas. C'est une chose que font les hommes, ici, ils dédicacent des chansons.

— Tu écouteras la numéro 12, elle me fait penser à toi.

Alors, j'écoute : la chanson est mièvre, mais on ne peut pas s'y tromper :

Un beau jour je t'ai vue
Et depuis je n'en peux plus…

Je ne suis pas vraiment amoureuse, je crois, mais comme je suis seule, je me dis pourquoi pas ? Toute à mon bonheur, je me laisse faire et c'est ainsi que commence une romance.

Au creux de l'automne, c'est l'époque des longues balades dans la campagne, un vrai plaisir. C'est une saison qu'on ne connaît pas, dans le nord de la France, délicieusement douce et claire. Israël fait monter ses chiens dans la voiture et on prend des chemins agréables que je finis par connaître par cœur. Au fil de nos promenades à deux, j'aime de plus en plus notre bonheur tout simple. Sur la route du retour vers le ranch, il y a un marchand de *quesadillas*[1] chez lequel on finit par avoir nos habitudes.

Loin de la fureur du centre de Mexico, on vient souvent ici, le week-end. Je me plais bien dans cette vie-là et je découvre un homme très humain qui me parle de ses enfants, de ses parents, de ses frères et sœurs qu'il souhaite que je rencontre bientôt. Pour l'instant, je pense plus à mon travail, mais la famille c'est très important pour lui. D'ailleurs, il travaille avec deux de ses frères, qui sont chacun propriétaire d'un garage automobile. Lui s'occupe des pièces détachées qu'il achète selon les besoins ; je n'arrive pas à savoir s'il est vraiment passionné par ce qu'il fait, mais après tout ce n'est pas le plus important pour l'instant. Il n'a pas l'air malheureux et je suis bien avec lui. Je ne me pose pas la question de savoir si je l'aime. Je suis bien, voilà tout. Je suis sûre que c'est un type bien, Israël, et je l'admire, même. Un soir, nous croisons des enfants sur le bord d'une route. En jouant, un petit garçon s'étouffe devant nous, et c'est Israël le premier qui court vers lui et lui porte secours. Il a fait ça spontanément alors que je commençais à paniquer…

Israël ne veut pas souvent sortir avec mes amis. Il dit qu'il a du travail, qu'il n'aime pas ça. Il préfère les longues balades, et il ne veut pas trop entendre parler de ce que je vis avec mes amis, avec Lupita, à l'appartement. C'est un peu comme si j'avais deux

1. Galettes de maïs ou de blé garnies avec du fromage, des légumes ou de la viande.

compartiments dans ma vie, mais je m'en arrange très bien.

À la fin de l'année, je profite d'une promotion extraordinaire pour rentrer en avion en France. Je passe Noël en famille chez mon frère Olivier. C'est formidable, parce que je peux leur dire que je vais bien, que je fais mon trou par la seule force de ma volonté. Je leur explique mon travail, fière de montrer à mon père que j'ai appris de mes expériences passées et que je peux encore réussir. Je leur parle également d'Israël. Je n'en dis pas trop, juste assez pour qu'ils sachent à quel point je suis heureuse. Mais aussi un peu par orgueil, pour rassurer ma mère, qui me regarde en souriant.

Pendant mon absence, Iolany en a profité pour travailler dans les bureaux de Sébastien. Je ne sais pas si mon frère le souhaitait réellement ou si elle ne lui a pas laissé le choix. Ce n'est même pas lui qui me l'annonce. Je le sens un peu gêné. Il me propose de me donner un ordinateur, de manière que je puisse travailler de chez moi. C'est une bonne solution, après tout, mais j'aimais bien rencontrer tous ces gens ; maintenant je crains de me sentir un peu mise à l'écart. La situation n'était pas faite pour durer. Sébastien débarque un jour à l'appartement et m'explique qu'il y a des problèmes avec Iolany. Je ne comprends pas très bien ce qu'il veut dire, je ne sais pas ce qui la gêne encore, mais apparemment c'est très tendu entre eux et j'en ai assez qu'elle se mette entre nous dès que les choses vont bien. J'en ai marre qu'elle réussisse à gâcher mon bonheur, parce que c'est bien elle qui gâche tout, mais je n'ai pas le choix. Après tout, je ne suis qu'une employée de mon frère : il a des associés et Iolany en fait partie. Je vois que Sébastien est ennuyé, qu'il est gêné devant moi, mais je n'ai pas le choix : je mets un terme à notre collaboration, je m'en sortirai bien autrement. Au fond de moi, je ne sais pas encore comment je vais faire, mais j'ai retrouvé confiance en moi, donc je vais faire face.

Israël est charmant. Il me rassure, car il croit en moi. Il me dit que je vais trouver du travail et j'en suis moi aussi convaincue. Son soutien me fait du bien, même si parfois je me demande s'il le souhaite vraiment. Plusieurs fois, il m'a proposé de venir m'installer chez lui, au ranch, et il semble qu'il ne comprenne pas vraiment pourquoi je ne le fais pas. Il ne me voit tout de même pas en femme au foyer ? ! J'ai besoin de travailler, moi, de sortir, de voir des gens et d'y arriver toute seule. C'est dans sa culture mexicaine : il perçoit assez mal mon exigence d'être indépendante, et nous nous heurtons pour la première fois.

Je trouve un emploi au bout de trois semaines. Un architecte d'intérieur m'embauche pour un travail administratif de classement, d'organisation, d'accueil. Je redémarre au bas d'une échelle que je ne connais pas, mais ça ne me dérange pas. Au contraire, c'est un milieu que je veux bien connaître, et ce que mon patron fait est passionnant : je découvre des choses pleines de charme et d'inventivité. Le problème, c'est lui. Un vrai caractériel, je dois faire des efforts pour me taire, pour ne pas lui répondre parce qu'il peut devenir odieux, par moments. Il est dans son monde, un peu égaré dans ses postures d'artiste et vaguement méprisant pour ceux qui ne le suivent pas. Pourtant, je me dis qu'il voit en moi une fille de caractère et je préfère penser qu'il me respecte pour cela. En tout cas, je suis sur mes gardes. Mais, décidément, Israël ne comprend pas que je continue à travailler chez ce type.

Ou que je continue à travailler tout court, peut-être. Je préfère éviter le plus longtemps possible les questions qui fâchent, mais la situation devient difficile. Je travaille parfois tard le soir, je rentre chez moi vers vingt-deux heures, vingt-trois heures et il n'est pas content parce qu'on ne se voit pas. Parfois, il m'attend de longs instants à la sortie du bureau, et quand je sors il me reproche de faire la bise aux gardiens en partant. J'ai droit à de vraies crises de jalousie. Cela peut être charmant tant qu'il reste gentil, mais ce n'est pas toujours le cas. Il commence à râler, à me reprocher de le délaisser, de n'être pas plus souvent avec lui, et je me demande s'il ne veut pas tout bêtement que je sois toujours avec lui. Mais je n'ai jamais appartenu à personne ! C'est bête, parce qu'il continue d'être gentil quand nous arrivons à nous expliquer. Malgré cela, je sais que son côté possessif va m'exaspérer et que je ne pourrai pas le supporter bien longtemps.

C'est un jour de printemps que tout se gâte. Avec le double des clés de mon appartement que je lui ai confié, il entre chez moi – sous prétexte d'y faire le ménage ! – et il fouille dans mes tiroirs. C'est la première fois qu'il agit ainsi. C'est insupportable de se sentir épiée de la sorte. Bien sûr, il trouve une photo, où on me voit avec un ex-petit ami. Il entre dans une telle colère qu'il balance tous les vases dans lesquels il avait mis des fleurs. Quand je rentre, je trouve mon appartement sens dessus dessous. S'ensuit la dispute de trop. Il refuse la séparation ; je crois qu'il est vexé et peut-être est-il encore sincèrement amoureux, mais il est allé trop loin, je ne peux pas lui pardonner son geste. Quand il part, je sens bien qu'il n'a pas renoncé, mais pour moi c'est clair : je suis de nouveau seule.

Et comme d'habitude, tout s'enchaîne. C'est à ce moment précis que Lupita me laisse avec l'appartement sur les bras. Je ne sais pas exactement ce qui lui passe par la tête, je crois qu'elle a un nouveau petit ami : c'est peut-être une relation plus sérieuse, un coup de foudre ; le fait est qu'elle part comme ça, du jour au lendemain, avec tout juste quelques explications dérisoires. Elle a sans doute mal vécu le comportement d'Israël, pour le peu qu'elle en a vu. Ce qui m'ennuie, dans tout cela, c'est que mes parents arrivent dans quelques jours. Ils viennent passer deux semaines à Mexico. Une avec moi, et une chez Sébastien. Et moi qui leur ai parlé de mon bonheur, qui leur ai fait l'éloge d'Israël ! Je ne leur ai jamais confié que je le voyais changer, bien sûr. Au téléphone, j'ai continué à raconter à ma mère un bel amour qui me rendait heureuse. Autant pour les rassurer que par orgueil – ah, mon orgueil ! De nouveau je renoue avec Israël. Il m'a relancée, rappelée, et décidément je n'ai pas envie de voir le doute au fond des yeux de mon père. Alors, je dis à Israël que nous devons fixer des règles, qu'il doit comprendre que nous n'avons pas tout à fait la même culture et que chez moi, en France, je n'ai jamais été attachée à un homme au point d'en oublier mon travail. Je lui raconte des choses inconcevables pour son tempérament latin. Mais je ne veux pas lâcher. Dans ce printemps qui revient, j'ai vraiment le désir de montrer à mes parents que je vais bien, même si ce n'est pas tout à fait vrai. Mon travail n'est pas facile tous les jours, avec les sautes d'humeur de mon fou de patron et la jalousie maladive d'Israël qui revient sans cesse sur mes expériences passées. Je lui explique que je ne me suis jamais comportée comme une aguicheuse. Je dois justifier mes actes en permanence, même ceux qui sont déjà loin derrière moi !

Après de longues discussions, j'ai l'impression que nous avons retrouvé une sorte de paix ; il est redevenu l'homme charmant, attentionné qui m'avait séduite quelques mois plus tôt ; et quand mes parents arrivent, il a l'air sincèrement ravi de les connaître. Il les installe chez lui, d'ailleurs, au Rancho Las Chinitas que j'ai appris à apprécier. Un endroit vallonné et aéré qui plaît tout de suite à mes parents. Israël les installe dans la chambre, et nous dormons dans le salon. Israël nous emmène dans des restaurants qu'il aime, on prend des photos, je sers de traductrice et je vois que ma mère s'entend bien avec lui. Ces quelques jours-là sont mes derniers vrais moments de bonheur. Je profite de l'instant et tout le monde me paraît heureux. Alors je le suis aussi. Israël répète à mes parents ce qu'il m'a déjà dit : il a cinq frères, deux d'entre eux ont un garage, et c'est là qu'il travaille. C'est d'ailleurs pour cette raison qu'il change souvent de voiture.

Dans le passé, mes parents étaient venus en vacances au Mexique et ils connaissent les plages touristiques : Acapulco, Cancún ; mais depuis que Sébastien est venu s'établir ici, ils ont lu un tas de choses sur le Mexique et l'insécurité qui y règne. À la télévision, dans les magazines, on voit régulièrement des reportages sur la lutte des autorités contre les cartels. La mafia de la drogue est extraordinairement puissante, mais on craint au moins autant les enlèvements. C'est devenu une véritable industrie. Chaque année, depuis le début des années 2000, on compte entre deux mille et trois mille kidnappings, qui touchent tous les milieux. Et encore, les policiers qui combattent ce phénomène disent que de nombreuses personnes victimes d'enlèvement ont tellement peur qu'une fois la rançon payée elles ne disent rien. Ce sont d'abord les gangs liés à la mafia de la drogue qui ont utilisé ce moyen pour régler leurs comptes et faire payer les récalcitrants. Puis ils y ont vu un moyen de récupérer l'argent perdu lors des opérations de l'armée, qui leur mène une guerre sans merci. Mais tout cela est vicié par la corruption. Parmi les chefs de la police, ou même les simples flics, les cartels ont fait leur recrutement. Il arrive de plus en plus souvent que des bandes arrêtées pour enlèvements comportent des policiers, parfois très haut placés. Au moment où mes parents viennent me voir, débute une campagne pour les élections présidentielles de 2006, et les principaux candidats ont des arguments très forts dans le domaine de la sécurité. On commence à voir des affiches d'associations qui réclament le rétablissement de la peine de mort pour les auteurs de kidnappings, surtout quand les victimes sont des enfants. Longtemps, ce sujet est resté tabou, mais la population commence à en parler, timidement, parce que toutes les couches de la société sont touchées. Ce ne sont plus seulement les classes aisées qui sont visées, avec de grosses rançons à la clé : même le Mexicain moyen ne se sent pas en sécurité quand il prend un taxi, par exemple. À Mexico, on dit que sur les cent mille Coccinelle vertes qui font taxi, dix pourcent sont des pirates, que si vous tombez sur l'un d'eux, vous avez une chance sur dix de vous faire racketter ou enlever... De plus en plus souvent, aussi, des gens reçoivent un coup de téléphone leur apprenant qu'un de leurs proches est séquestré et que s'ils veulent le revoir en vie, il faut verser une rançon très vite. Les délinquants s'assurent seulement que la personne en question n'est pas joignable et comptent sur la panique de leur interlocuteur. Le plus souvent, ça marche. Et quand la personne rentre chez elle, sans se douter de ce qui vient de se passer, sa famille comprend trop tard qu'elle s'est fait abuser. Un procureur a dit récemment que la plupart de ces coups de fil, que les autorités réussissent parfois à remonter, viennent de l'intérieur des prisons. Même détenus, les membres des gangs les mieux organisés continuent leur business. Voilà la réalité de la vie quotidienne au Mexique. Mais je suis loin de tout cela, à ce moment-là. Je vis et je travaille dans des quartiers plutôt protégés. Mon insouciance me protège, aussi. Et pas un instant je ne peux imaginer que quelqu'un, dans mon entourage, est mêlé de près ou de loin à de telles choses.

Israël a été charmant avec mes parents. Mais quand ils rentrent en France, à la fin du printemps, je sens que notre histoire n'a plus beaucoup d'avenir. Je ne vais pas très bien, parce que j'ai de nouveau perdu mon emploi. C'est à cause de mon patron, architecte reconnu mais décidément insupportable dans ses rapports humains. Plusieurs fois, je l'ai vu attraper des dossiers complets dans les armoires et les balancer sur la table, ou sur nous quand il n'était pas content de notre travail. Petit à petit, il prenait l'habitude d'engueulades terribles où il en venait à nous insulter. Alors j'ai dit stop. On ne me parle pas comme ça. Même pour travailler, pour ne pas me retrouver encore une fois dans la panade, je ne suis pas prête à supporter n'importe quoi. Et me revoilà sans emploi, avec l'été qui arrive et le loyer à payer. Israël insiste encore pour que je m'installe au ranch, et je rends mon appartement dont le bail arrive à son terme. C'est un nouveau moment difficile parce que l'impression d'échec me revient. Je regrette mes quelques mois de bonheur avec Sébastien, je me décide à dire à Israël qu'on ne vivra jamais rien de bien sérieux tous les deux, et vers la fin du mois de juin je rentre en France. J'ai laissé mes quelques meubles au ranch. J'ai dit à Israël qu'il pourrait s'en débarrasser, peut-être les vendre, parce que sans doute je ne reviendrai pas. Il dit que je dois réfléchir, que j'ai besoin de vacances et que cela me fera du bien de passer quelques semaines en France. Je sens qu'il espère encore, qu'il se dit que je vais revenir, sans doute parce qu'il me connaît : j'ai horreur de rester sur un échec. Au moment où l'avion me ramène vers Paris, le bilan que je dresse de mes deux années à Mexico n'est pas fameux. Je n'ai pas ajouté grand-chose de réellement crédible sur mon CV. Quelques boulots par-ci par-là, mais pour un employeur cela signifie aussi que je n'ai pas été très stable. Au moins, je parle l'espagnol, maintenant. Peut-être pas couramment, mais je me débrouille.

Je m'aperçois que c'est un peu compliqué de reprendre une place qu'on a laissée deux ans plus tôt. Mes amis ont fait leur chemin, mes parents sont toujours très occupés, et j'ai du mal à trouver l'énergie pour redémarrer. C'est un début d'été un peu particulier, d'autant qu'à Londres une série d'attentats meurtriers dans le métro jette une drôle d'angoisse dans l'opinion. Après New York et Madrid, on entend dire à la télé que cela pourrait être au tour de la France. Je vis un de ces moments où on ne se sent pas en sécurité. Au contraire, je me sens seule, j'ai besoin de retrouver les gens que je voyais, ici, avant mon départ pour le Mexique. Je me suis posée chez mes parents, à Béthune, mais je vais souvent à Lille, voir mes amis. Là, je me retrouve, je reprends confiance.

Je comprends vite que ce n'est vraiment pas le moment pour chercher du travail. C'est l'été pour tout le monde, on dirait. Personne n'attend une fille comme moi, rentrée d'une expérience mi-figue mi-raisin au Mexique et pas tellement fixée sur son avenir. Alors, je suis le rythme tranquille de ce mois de juillet. Je sors, je renoue avec mes amies, j'oublie petit à petit Mexico, Israël, et je n'ai plus tellement de contacts avec Sébastien. Je me donne quelques semaines pour atterrir, en quelque sorte, même si je vois bien que ce n'est pas tout à fait du goût de mes parents. Je crois qu'ils s'inquiètent. Ils pensent peut-être que la Florence volontaire et enthousiaste d'avant s'est un peu perdue et que je risque gros, à me laisser aller à l'indolence, maintenant. Pourtant, j'en ai réellement besoin. Je me rends compte que ces deux années m'ont épuisée. Après une nouvelle conversation un peu tendue avec mon père, je vais prendre un nouveau virage improvisé. Sur un coup de tête. Quand j'apprends que Sébastien, Iolany et les enfants arrivent pour les vacances, je me sens de trop. Je suis piquée au vif par les reproches que je sens peser sur moi. Je tourne en rond, je cherche une issue et je me perds un peu, parce que c'est difficile, pour une femme de trente ans, de ne se sentir fixée nulle part. C'est une période où j'ai un peu honte, aussi, d'être rentrée du Mexique sans rien dans les poches. Alors, je décide de repartir. C'est encore une réaction d'orgueil. Je suis mal dans ma peau, fragilisée par mes hésitations et tout ce que je ressens comme des échecs, alors je veux me reprendre. C'est un maudit coup de tête.

C'est mon troisième automne à Mexico. Je commence à connaître ce doux prolongement de l'été où les températures se font plus supportables, où on sort du travail avec l'agréable impression que la journée n'est pas terminée, qu'on va pouvoir en profiter. Encore faut-il avoir un emploi. Israël a bien voulu m'héberger, peut-être parce qu'il espère renouer. Pourtant, j'ai été claire. J'ai fixé les règles et il les a acceptées, gentiment. Il me regarde éplucher les journaux d'annonces et tenter ma chance ici et là. Je le vois aller et venir entre les garages de ses frères, où il travaille toujours, et d'autres occupations dont je prends bien soin de ne pas me mêler. Surtout, je ne lui pose pas de questions. Nous ne sommes plus ensemble et je veux qu'il le sente. Manifestement, il a pris des responsabilités dans son travail, parce que je l'entends parfois donner des ordres, lancer des achats importants. Parfois, il m'emmène au restaurant et je trouve que nous avons construit une relation agréable, nouvelle, apaisée.

Un jour d'octobre, je tombe sur une annonce qui me plaît bien. Cette fois, c'est dans un hôtel, plutôt haut de gamme, vers le quartier des ambassades, dans le centre de Mexico. J'appelle, je suis reçue, je passe des entretiens, et même des tests psychologiques, et tout se passe à merveille. Je maîtrise bien l'espagnol, maintenant, c'est important, et le récit de ce que j'ai fait en France, les lettres de recommandation favorables, tout ça fait bonne impression. C'est donc un vrai bonheur d'être embauchée à l'hôtel Fiesta Americana, parce que je sens que c'est une entreprise importante, où je pourrai trouver ma place et progresser comme je rêve encore de le faire. La voilà peut-être enfin, ma vraie chance : une place d'hôtesse à l'étage des VIP. Il y a tellement de travail, tellement de mouvements et de sollicitations. Tout cela me plaît tout de suite. Je trouve facilement un petit appartement, *calle* Hamburgo, dans un quartier proche de l'hôtel. Je peux enfin m'installer. Israël prend les choses avec philosophie et propose même de m'aider. J'ai l'impression que tout se met enfin en place.

3

9 décembre 2005

Le jour est levé depuis un moment. Le deuxième jour de mon cauchemar. Il n'y a même pas vingt-quatre heures que tout cela m'a emportée, qu'on m'a confisqué ma vie au point que je ne sais même pas si j'ai encore cet emploi à l'hôtel, si quelqu'un me cherche seulement. Quand je descends de la voiture pour entrer dans les locaux de la *Siedo* (Bureau d'investigation spécialisé en délinquance organisée), les caméras sont encore là ; je suis menottée, malmenée, et c'est comme si j'étais quelqu'un d'autre : une femme qu'on traite en criminelle, à la mexicaine, avec la brutalité et le chaos que partagent la police et les journalistes.

On est au cœur de Mexico et, comme chaque matin, soudainement, la relative tranquillité de la nuit s'efface sous les coups de Klaxon impatients, les cris emportés et les sirènes stridentes. C'est une ville de fureur et de couleurs où j'ai vite trouvé mes marques, parce qu'il y a une liberté, ici, qui laisse penser que tout est possible, qu'on peut faire son trou pour peu qu'on bosse. Pendant que nous descendons de la voiture de l'AFI pour entrer dans le grand bâtiment de la *Siedo*, des gens pressés se rendent à leur travail ou vaquent à leurs occupations quotidiennes sans se douter de ce qui se passe, sans se retourner. S'ils savaient comme je voudrais être à leur place ! Même ceux qui se rendent à une réunion ennuyeuse, qui ont un rendez-vous désagréable, qui redoutent de se faire engueuler par un chef !

Mes pieds me font mal, je suis fatiguée, j'ai froid, et surtout j'ai peur. Au moins, ils ne vont pas me tuer. Il y a du monde maintenant, et je m'aperçois que cela me rassure un peu. L'idée qu'ils pouvaient faire de moi ce qu'ils voulaient, que personne n'aurait rien su, sans doute, ne m'a pas quittée de la nuit et, sans oser me l'avouer, j'ai pensé au pire. Comme si je m'étais battue pour enfouir cette idée terrifiante et qu'elle surgissait maintenant que je suis soulagée : ils ne vont pas me tuer.

Je ne me suis jamais sentie aussi loin de chez moi. Même quand j'ai compris que tout était gâché avec Sébastien, même avec ce fou d'architecte qui balançait tout ce qui lui tombait sous la main à la tête de ses employées, j'ai toujours cru en moi, toujours su que j'avais ma place à Mexico. Mais maintenant tout m'échappe, je voudrais rentrer chez moi. Je suis menottée, poussée, on se moque de moi, je sens que je ne vaux pas grand-chose aux yeux de tous ceux qui m'attendent ici.

La porte d'un bureau sombre se referme, je suis avec trois policiers qui m'ont assise sans ménagement sur une chaise en fer. Et c'est reparti. Ils me posent encore les mêmes questions, toujours pour savoir ce que je faisais là, pourquoi nous avions enlevé ces gens, combien nous recevions, qui sont nos complices et où ils sont... Je n'en peux plus. Je veux encore leur dire que je ne savais rien, que je ne comprends rien à tout cela, que je suis innocente, mais c'est plus fort que moi : je crie. Je m'énerve, je me mets en colère, une vraie colère que je ne maîtrise pas, qui sort en même temps que mes larmes, et je veux me lever de cette chaise mais des mains fermes me plaquent dessus et me maintiennent assise. J'en perds la voix, incapable d'aller plus loin tant je suis décontenancée : je les fais rire ! Ils se marrent et se moquent, je vois bien que pour eux je suis coupable et qu'ils ont tout le temps d'attendre que je leur dise ce qu'ils veulent entendre.

Ce ne sont plus les policiers de la camionnette ou ceux de la voiture qui me parlaient doucement tout à l'heure. Ce sont des gradés ou des hommes d'un autre service, plus important, je le sens bien. Ils parlent avec plus d'assurance, d'arrogance, en me regardant droit dans les yeux pour me faire comprendre que ce sont eux qui ont la main, que je ne suis plus grand-chose, dans cette pièce sinistre au milieu d'eux ; et même quand ce sont trois autres types qui viennent prendre le relais, une heure plus tard, c'est encore la même chose. Ils me parlent comme à une coupable et cela me tétanise.

— Alors, il paraît que tu aimes le café… Il paraît que tu aimes les chats…

Je ne sais pas d'où ils sortent ça, mais le ton qu'ils emploient ne me plaît pas. Ils veulent me faire comprendre quelque chose, mais je ne suis pas en état. Je sais juste que je me sens toute petite, perdue au cœur d'une machine policière qui n'a pas bonne réputation et qui peut me broyer à son gré sans que je puisse rien y faire. Et plus personne, maintenant, ne montre la moindre volonté de m'aider ou seulement de m'être agréable.

— Tu peux parler, tu sais. Israël a tout avoué. Il dit que tu étais avec lui, qu'il a enlevé ces gens et pas mal d'autres aussi, et que tu l'aidais à les séquestrer. On sait bien que tu es coupable et c'est ce qu'il nous a dit.

Je ne peux pas le croire ! D'ailleurs je ne le crois pas. Comment Israël irait inventer tout ça ? Pourquoi aller raconter des choses pareilles ? Parce qu'ils l'ont battu, évidemment. Je l'ai vu dans un sale état. Et pourtant, je ne doute pas une seconde. Il ne peut pas avoir dit à ces types que j'ai séquestré des gens, ça ne tient pas debout.

Pour me laisser mijoter avec tout cela, sans doute, on me laisse seule un moment. Mais s'ils croient que je peux réfléchir, ils se trompent ! Je me sens désarticulée, complètement happée par cette histoire plus forte que moi, et je devine seulement que tout ça est en train de devenir grave, que je suis une criminelle aux yeux de la police la plus puissante du pays et que je vais sans doute passer de sales moments. Ils finiront bien par s'apercevoir de leur erreur, ça ne fait aucun doute, mais en attendant que va-t-il m'arriver ?

Je commence à en avoir une petite idée, tout de même. D'abord, dans les étages où ils m'ont traînée, ils m'ont fait passer d'un « cube » à l'autre : des sortes de cellules aux parois métalliques, froides, sales, inquiétantes. Un médecin arrive. Je pense que c'est un médecin parce qu'il porte une blouse blanche. Il ne se présente pas, ne me dit rien de ce qu'il va me faire, mais me donne des ordres : « Déshabille-toi », « Tourne-toi », « Rhabille-toi »...

Et puis ce sont des gamins, maintenant. Ils sont jeunes, je ne vois pas ce qu'ils font là. On dirait des étudiants, mais pourquoi ont-ils le droit de me poser tant de questions sur ce que je faisais, avec qui je vivais, comment était ma vie ? Ils sont arrogants, je n'arrive pas à m'expliquer, et de toute façon j'ai l'impression qu'ils ne m'écoutent pas. Ils sont juste là pour me crier dessus, je n'y comprends toujours rien.

Je crois que c'est l'après-midi. Le moustachu costaud qui m'avait frappée, au ranch, est revenu. C'est celui qui me fait le plus peur. Et pourtant, il est très calme, cette fois, assis sur le bureau, une sorte de rictus au coin des lèvres, il semble content de ce qui se passe et je sens que ce n'est pas bon du tout pour moi. Il me demande si je connais Eduardo Margolis. Que faut-il que je réponde ? Bien sûr, je le connais, mais il a une telle réputation que je ne sais pas s'il faut que je le dise.

Encore une fois, je n'ai pas tellement le temps de réfléchir. Ils rient tous les trois, se racontent des choses que je ne saisis pas et deviennent soudain menaçants :

— Il va t'enculer, Margolis !

Je sens un nouveau malaise monter en moi. Comme la nuit dernière, peut-être, quand j'avais peur de mourir. Je repense à ce que m'a raconté Sébastien : les menaces de mort, quand il s'est définitivement fâché avec son ancien associé, et même les avertissements qui concernaient ses deux enfants. Je me souviens que Sébastien avait pris cela au sérieux, qu'il avait eu très peur.

Sur la table, devant moi, un des hommes a jeté des cartes de visite du temps où je travaillais pour Sébastien. Elles portent mon nom, bien sûr, et le logo de la société de matériel médical que possédait mon frère, avec Eduardo Margolis. En ce temps-là, Sébastien ne se méfiait pas. L'autre avait mis de l'argent et ils semblaient croire tous les deux à leur affaire. Mais plus il a connu Margolis, plus Sébastien a pris peur. Le portrait qui s'est dessiné de ce type au regard noir est vite devenu inquiétant. Il avait des relations ambigues avec la police et ne s'en cachait pas. Un parfum de corruption flottait au milieu de tout cela et sur ses autres activités, dont il parlait de plus en plus ouvertement : la protection rapprochée de personnalités, le blindage de voitures, et aussi un cabinet privé qui se consacrait à la résolution de kidnappings, justement. Il disait que c'était en liaison avec la police, mais cela ne signifie pas grand-chose, ici. Au Mexique, tout le monde sait que des policiers sont complices des gangs pour les trafics de drogue ou les enlèvements. On n'a même pas été surpris d'entendre raconter qu'ils pouvaient eux-mêmes enlever des gens pour faire marcher leur cabinet. C'est là que Sébastien a pris peur. Margolis en riait, lui, sans qu'on sache si c'était à cause de l'énormité de la fable ou parce qu'il avait le sentiment d'être intouchable. Un tas de gens patibulaires tournaient autour de lui et cela lui donnait un air de puissance qu'il entretenait en se vantant, à l'occasion, d'avoir ses entrées et les faveurs des hommes du pouvoir.

Quand Sébastien a voulu se retirer de la société, tout s'est gâté. Margolis n'a jamais voulu lui payer les actions qu'il voulait céder. Au contraire, il a fait pression pour que mon frère signe sans aucune contrepartie financière et Sébastien s'est retrouvé comme dans un mauvais film, sa vie pourrie par la peur, même s'il refusait l'idée de se laisser faire. Il a déposé une plainte, mais le dossier n'a jamais avancé. On lui disait que le ministère public avait changé, qu'il fallait tout reprendre de zéro. On se moquait de lui, parfois ouvertement. On lui a même dit, quelques mois plus tard, que son dossier s'était perdu.

À l'inverse, la plainte que Margolis a déposée contre lui pour vol et abus de confiance ne s'est jamais perdue. De faux témoins ont raconté des choses totalement fantaisistes, ils ont présenté des fausses factures et la police a procédé à des perquisitions tout à fait illégales. Plus tard, ils ont fait fermer la nouvelle société de mon frère. Sans explications. Ils pouvaient tout se permettre, tout le monde trouvait cela normal.

Mais le pire est arrivé à la fin de l'année 2004. Un jour de décembre, Iolany a reçu un coup de téléphone de Margolis qui les a menacés de mort, et aussi d'enlever leurs deux enfants qui avaient alors quatre et cinq ans. Je crois que c'est ce qui a cassé quelque chose chez Sébastien. Il a compris qu'il était dans un monde où il n'avait rien à faire. Trop de violence, trop de corruption. Il ne faisait pas le poids face à un type comme Margolis.

Et cet homme-là, maintenant, venait jeter son ombre sur mon cauchemar.

— Tu n'as plus aucune chance. Il va t'enculer, Margolis !

Ces mots-là m'ont glacée. J'ai compris qu'ils avaient trouvé cette carte de visite en allant fouiller mon appartement. Ils avaient pris mes clés, au moment de notre arrestation, la veille, et ils sont allés fouiner ; j'avais dû leur donner mon adresse. Je pense à Sébastien, aux enfants. Aux menaces de mort.

On m'emmène encore au sous-sol. Cette fois, c'est pire, un trou à rats. C'est un long couloir avec des petites cellules infectes, trois murs et une paroi de verre. Il y a juste deux paillasses en béton et des toilettes à la turque, non isolées. On me pousse dans une cellule où il y a déjà une fille et je reste là, assise au bord du lit gelé, tétanisée, comme en état de choc. J'essaie de lui parler, mais je ne sais pas très bien ce que je dis. Et elle voit bien comment on me traite : elle n'a pas envie de s'approcher de moi. Un type arrive pour lui proposer de l'eau, du papier toilettes, elle dit non de la tête, mais moi je veux bien du papier, je le dis au gars qui me répond sans même me regarder :

— Toi, va te faire foutre !

Tout n'est que violence, ici. C'est comme ça depuis que je suis arrivée et la peur ne m'a pas quittée. Elle étouffe tout le reste, et même ma fierté. Je veux juste qu'on ne me dise rien, qu'on ne me regarde même pas. Je veux qu'on me laisse tranquille, et pourtant on vient encore me chercher. Je remonte cet escalier sinistre jusqu'à un bureau où on me demande de m'asseoir.

— Le téléphone va sonner, tu décroches.

Le téléphone sonne, en effet. J'entends une voix, au loin, qui dit mon prénom, qui répète, qui demande ce qui se passe et je n'arrive pas à le croire : c'est ma mère ! Comment est-ce possible ? Comment sait-elle que je suis là ? C'est comme un miracle. J'entends sa voix, je sens qu'elle est inquiète et je veux la rassurer, mais je ne peux pas. Rien ne sort. Et pour la première fois, je craque. Je fonds en larmes, ce que je n'avais pas encore fait depuis le début de cette folle histoire ; incapable d'articuler, de me reprendre, je suis secouée de sanglots, accablée de fatigue et de peur. Si je craque maintenant, c'est sans doute parce que la voix de ma mère me rassure, me détend un peu. J'étais trop crispée jusque-là pour laisser échapper des larmes. Je l'entends qui me parle, qui cherche à me réconforter, encore :

— Ne t'inquiète pas. On va te sortir de là.

Elle ne me pose aucune question. Je comprendrai plus tard que cette confiance est extraordinaire, que c'est elle qui m'a fait le plus grand bien, sans doute, et que moi je n'ai même pas été capable de lui dire quelques mots pour la rassurer. Comme ce moment-là a dû être difficile, pour elle ! J'étais si loin, elle pouvait imaginer tant de choses... et tout ce qu'elle a entendu, ce sont mes sanglots et ce type qui m'ordonne de raccrocher, après un moment trop court.

C'est le consul qui a prévenu mes parents. Il aura au moins fait cela. Un peu plus tard, il viendra me voir, pour assurer le minimum, l'assistance consulaire. Mais cela a dû lui coûter parce qu'il m'a traitée comme une délinquante. La seule chose qu'il m'ait dite, c'est qu'il ne pouvait rien faire pour moi, alors que Frank Berton, que mes parents prendront comme avocat bien plus tard, me dira qu'il aurait peut-être pu obtenir ma libération sur la foi d'une violation flagrante de la Constitution mexicaine. Dans son article 16, celle-ci impose à l'autorité qui procède à une arrestation de mettre « immédiatement » l'inculpé à la disposition du ministère public. Or, entre mon arrestation et le moment où je suis arrivée au siège de la police judiciaire ce matin, il s'est bien écoulé presque vingt-quatre heures. Il aurait peut-être suffi que j'aie le temps de raconter cela au consul. Mais sans doute avait-il mieux à faire. Sans doute ne s'est-il même pas posé la question et, comme beaucoup de Mexicains devant leur télévision, sans doute a-t-il cru à ce qu'on lui montrait. À ses yeux aussi je suis une ravisseuse d'enfants, Florence la diabolique et, pire pour lui, Florence la Française.

C'est ainsi qu'on me considère, ici, et si j'arrive à comprendre quelque chose, pour l'instant, c'est bien cela. Je suis redescendue dans cette cellule sordide où la fille me jette un regard torve et sale ; j'ose à peine la regarder. J'entends des cris, je vois passer des hommes aux manches relevées, souvent armés, parfois encadrant des détenus abattus, silencieux, les yeux baissés. Et soudain, c'est Israël. Il est toujours menotté, ils le tiennent par les cheveux, le poussent, le traînent, l'emmènent. Il ne m'a pas vue. Je reste là, immobile, harassée, comme détachée de moi-même, indifférente et insensible à ce qui se passe autour de moi. D'ailleurs, il ne se passe pas grand-chose autour de moi. Jusqu'à ce qu'ils ramènent Israël, une heure ou deux plus tard. Il est encore plus mal en point. Ils l'ont encore frappé, c'est sûr, et il vomit de nouveau, je me demande même s'il est conscient. Et puis on entend des cris, juste après qu'ils l'ont laissé dans sa cellule. C'est son codétenu qui s'affole. On l'entend qui crie au secours, de plus en plus fort :

— Il s'étouffe ! Il va mourir !

Au ton de sa voix, on sent qu'il panique, on comprend qu'il se démène. Les flics dans le couloir, là, ne bougent pas. Et c'est le silence. Un souffle rauque, peut-être, quelques grognements, juste de quoi imaginer que ce type vient de sauver la vie d'Israël et je me dis que je l'ai échappé belle. On ne m'a pratiquement pas frappée.

Combien de temps me laisse-t-on croupir avec cette folle qui me regarde en coin ? Je ne sais plus si c'est le jour ou la nuit. On vient me chercher, je n'ai toujours pas réussi à dormir. Et ça recommence. Toujours les mêmes questions, et encore « Déshabille-toi », « Tourne-toi », toujours en me bousculant, en me regardant de haut, pour bien me montrer que je ne vaux pas grand-chose. Dans la pièce voisine, Israël subit le même sort. Et comme à moi, on lui demande de signer un papier que je ne parviens pas à déchiffrer. Un type me dit vaguement qu'on va m'emmener dans une sorte d'hôtel, avec une chambre et une douche, que je vais devoir rester là-bas. Je ne sais pas ce que cela signifie, mais je suis presque nue devant tous ces types qui passent, je me sens humiliée, j'ai l'impression de ne plus rien valoir, je signe cette feuille puisqu'on m'y oblige.

Ce que je viens de signer, c'est en fait l'acceptation de ma garde à vue. Elle peut durer quatre-vingt-dix jours, ici. Cela correspond au temps de l'enquête, le temps pour la police judiciaire de recueillir des preuves, et voilà ce que je viens de signer : quatre-vingt-dix jours d'enfermement. Comment aurais-je pu deviner ?

C'est bien la nuit. Des hommes armés et cagoulés nous ont sortis de la *Siedo* où nous aurons passé un peu moins de vingt-quatre heures. Je monte dans une autre camionnette. Il y a un peu plus de trois jours que tout cela a commencé et au moins, maintenant, je sais que mes parents savent ce qui m'arrive, qu'ils pensent à moi, qu'ils vont peut-être pouvoir faire quelque chose. Pourtant, j'ai toujours aussi peur. En arrivant à l'*arraigo*, le local de garde à vue, je tremble toujours, c'est plus fort que moi. Je n'ai même pas réussi à réfléchir à l'implication d'Israël, à ce que tout cela signifie, pourquoi il a reconnu ces horreurs…

Personne ne me parle. Encore des escaliers, des grilles, des couloirs un peu moins larges, un peu plus propres, dirait-on. Mais c'est la nuit. J'arrive devant une cellule et c'est là que je dois entrer. Il y a déjà quatre filles, qui dorment ou font comme si. On me dit qu'il y a une salle de bains et j'en profite. Je vois du savon, une serviette. Voilà quatre jours que je ne me suis pas lavée, que je n'ai pas eu un moment d'intimité ; la douche me fait du bien, je reprends un peu mes esprits. Quand j'ai fini, une des filles me dit tout bas qu'il y a des micros et des caméras, qu'il faut dormir. Je m'allonge et je m'écroule.

À six heures, c'est le branle-bas de combat. Tout le monde se lève. C'est un autre monde, ici, tout en silence et en discipline. Les quatre filles me regardent autrement, elles ne me posent pas de questions. Mais elles me prêtent des sous-vêtements, c'est déjà ça. Il faut sortir de la cellule, rester debout devant la grille et attendre l'ordre d'avancer vers le réfectoire. On me dit qu'ici il faut garder la tête baissée, les bras croisés, qu'il ne faut surtout pas parler. Je sens une discipline de fer, mais pas l'inquiétante folie de la *Siedo*. C'est un peu plus apaisant. J'ai toujours peur, mais j'ai encore la voix de ma mère en tête. Ils vont faire quelque chose, m'envoyer quelqu'un, un peu de confiance me revient.

En silence, en file indienne, on nous guide vers un réfectoire. En silence, il faut s'asseoir, regarder ses pieds et surtout pas les types de l'AFI, armes à la main, postés tout autour de la pièce. En silence, ils commencent tous à manger et à boire. C'est le petit déjeuner mais je suis incapable d'avaler quoi que ce soit ; je me sens épiée, un peu comme la bête curieuse de cette immense cantine où nous sommes bien deux cents, sagement assis, résignés, tenus en respect. En un mot, prisonniers.

Je suis la dernière arrivée, mais je m'aperçois que tout le monde me connaît. Ils m'ont tous vue à la télévision, il y a quatre jours, lors du montage de notre arrestation en direct. Ils s'imaginent tous que nous avons été surpris dans notre sommeil, avec trois personnes que nous avions kidnappées ; ils pensent qu'Israël est le chef des Zodiacos et que je suis sa complice ; ils ont suivi notre transfert à la *Siedo*, entendu les commentaires des journalistes dont je ne sais encore rien mais qui m'accablent.

Une ravisseuse d'enfants, voilà ce que je suis à leurs yeux : et je commence tout doucement à prendre conscience de la cruauté de cette accusation.

C'est ici que je vais mesurer cette cruauté. Après ce premier petit déjeuner auquel je n'ai pas touché, on rentre dans la cellule, où il est interdit d'apporter quoi que ce soit. Durant toute ma détention ici, je ne pourrai rien avoir avec moi, pas même des chewing-gums. Il y a des hommes et des femmes, à peu près deux cents, qui changent très souvent puisque personne ne reste plus de trois mois. C'est la loi mexicaine qui fixe à trois mois maximum la durée des séjours à l'*arraigo*. En attendant, on est obligé de porter des tee-shirts de couleur imposée. Vert pour ceux qui sont accusés de blanchiment d'argent, jaune pour les narcotrafiquants, et rouge pour les auteurs d'enlèvements. Je ne le supporterai jamais, ce tee-shirt rouge. Pour moi, l'enlèvement, c'est le pire des crimes. Je sais qu'ici il y a une véritable industrie du kidnapping, que certaines histoires se terminent par des horreurs, la mort des personnes enlevées ou la mutilation, pour servir de preuve de vie, avant une demande de rançon. Je sais tout ça mais je ne connais pas encore le détail de toutes les accusations qui seront portées contre moi à mesure que mon histoire se compliquera. Saleté de délit qui me colle à la peau ! Et plus encore ici, avec ce tee-shirt. Quand mes voisines de cellule sont parties, j'ai demandé à rester seule. Certaines étaient accusées d'avoir attaqué un fourgon blindé, et d'autres de trafic de drogue. L'une d'entre elles m'avait laissé un tee-shirt jaune avant de partir et je le portais la nuit pour dormir. Quand un gardien me l'a fait remarquer, sans me l'interdire pourtant, je lui ai juste dit que je dormais mieux en « narcotrafic ». Il a laissé tomber.

Pendant tout décembre et janvier, je n'ai qu'un pantalon et une seule chemise à me mettre quand je suis en cellule, lorsque je peux me débarrasser du tee-shirt rouge. Mes parents m'envoient des vêtements, mais ils ne me parviennent pas. Ils leurs sont même retournés. Je le sais parce que j'ai droit à trois coups de téléphone de dix minutes par jour et c'est toujours eux que j'appelle. Pendant trois mois, je les appellerai en PCV et chaque fois ils seront là, à m'écouter, à essayer de me comprendre. Ma mère a même l'idée d'enregistrer nos conversations et, un jour, elle me demande de raconter mon histoire. Je reprends tout depuis le début, la route qui part du ranch, l'arrestation, la nuit, le montage de l'AFI, et tout cela s'imprime encore une fois dans mon esprit sans que je comprenne pourquoi tout cela m'arrive à moi.

On me dit que je suis ici parce qu'il n'existe pas de preuves contre moi, que la police est chargée d'en trouver et qu'elle a trois mois pour cela. Alors, je me dis qu'ils vont se rendre compte, que s'ils cherchent vraiment à savoir, ils réaliseront que j'ai vécu seulement quelques mois avec Israël, que je n'étais pas toujours au ranch, et que s'il a détenu des gens, ce n'était sûrement pas là !

Chaque journée qui passe me pèse un peu plus. Même si je me confie à ma mère, je ne peux pas tout lui dire. Je ressens le désarroi de mes parents, je sais qu'ils sont fous d'inquiétude, alors je ne veux pas trop ajouter à leur peine. Je prends sur moi, c'est mieux comme ça. En fait, je suis toujours aux abois, incapable de me raisonner, de surmonter cette peur qui me fait trembler sans cesse. Au moindre bruit incongru, je sursaute. Les autres s'en rendent bien compte et certaines ne me ménagent pas.

Il faut absolument que j'arrive à surmonter cela, à ne plus montrer ma peur.

Parfois, l'après-midi, nous avons le droit de sortir, pour une promenade. Mais quelle promenade ! On nous emmène dans un hangar sombre et humide où celles qui ont trouvé le moyen de s'acheter des cigarettes peuvent fumer. Il y a un distributeur de boissons et de sucreries, aussi, mais il faut tout manger sur place. Ça me fait du bien de sortir, même si cet endroit sinistre me met mal à l'aise : c'est sale, plein de bêtes, et l'agressivité de certaines détenues me noue les tripes.

Au-delà des accusations portées contre moi, la solitude me pèse aussi. Je souffre de n'avoir personne à qui parler, même pour dire des choses banales, et de voir les autres filles de ma cellule descendre toutes en même temps, à l'heure des visites, et me laisser seule pour l'après-midi.

Une nuit, alors que tout le monde dort, on vient me chercher. Le directeur de la prison veut me voir, me dit-on, et je me demande bien pourquoi, alors qu'il est deux heures du matin, mais j'ai appris qu'ici tout est possible. Il est dans son bureau, un grand type costaud, avec des muscles incroyables, et devant lui s'étalent des papiers que je ne reconnais pas, d'abord. Il me parle sans me regarder ; il y a quelques gardiens autour de moi, mais ils ne me brusquent pas. Et puis je comprends qu'il veut que je signe un document, mais je ne sais pas bien ce qui est écrit. En fait, certains des papiers devant moi m'appartiennent, et d'autres sont à Israël. Ce sont des photos, des relevés de compte, des choses comme cela. Je n'ai pas envie de signer, je recule le moment, mais il insiste ; alors je trouve le courage de lui dire non, tant pis. Je ne signerai pas. C'est peut-être la première fois que je trouve l'énergie de me rebeller, de résister. Je lui explique que je n'ai pas d'avocat, que je ne veux rien faire tant que je n'en aurai pas. Alors il se met en colère, se lève, brandit son pistolet et s'approche. C'est une manière de m'intimider, en tout cas c'est ce qui me vient à l'esprit. Et son plan fonctionne. Je suis tétanisée, terrorisée par ces gars qui me menacent. Je ne dois pas leur montrer ma peur, mais tout bascule quand il pointe son pistolet sur ma tempe. C'est un moment incroyable, comme je n'en ai encore jamais vécu, les forces qui me restaient encore me quittent d'un seul coup. J'ai l'impression que ma vie se dérobe et je l'entends à peine, alors qu'il hurle à mes oreilles :

— Tu vas connaître l'enfer si tu ne signes pas !

Il me menace aussi de m'isoler, je ne sais pas de quoi, d'ailleurs, je suis déjà si seule. La peur me fait céder. Je signe.

Et il se rassoit. Je viens de passer quelques secondes parmi les plus longues de ma vie. Je saurai plus tard qu'ils font cela, parfois, pour gonfler les dossiers d'accusation, que cela leur sert à fabriquer des preuves. C'est Jorge Armando Ochoa qui me l'a dit. Mon premier avocat.

Il arrive un jour de la fin du mois de janvier. Cela fait presque deux mois que j'ai été arrêtée et c'est la première fois que j'ai le droit de descendre en salle des visites. Je suis stressée. Je vois un homme d'une cinquantaine d'années, en costume classique, très sérieux. Il me questionne, me demande de m'expliquer, mais quand je lui parle, il semble à peine m'écouter, se contente de quelques mouvements de tête indifférents pour me répondre ou d'onomatopées un peu bougonnes. On voit bien qu'il ne prend pas ma situation au tragique. Dans l'état d'esprit où je me trouve, on perçoit ces choses-là. On a comme un sixième sens qui tient à l'instinct de survie, d'urgence, qui aide à reconnaître si l'homme qui vous fait face est votre allié. Je n'ai pas ressenti cela face à Me Jorge Ochoa. Au bout d'un moment, il me balance de but en blanc que j'ai « une imputation directe ». Qu'est-ce que c'est, une « imputation directe » ? Je n'ai jamais entendu parler de ça. J'imagine même un instant qu'il a voulu dire une « amputation », parce que je sais qu'une des personnes qu'on a présentées comme victimes des ravisseurs dit que j'ai voulu lui couper un doigt. Ce sont les policiers qui me l'ont rapporté, je n'arrive toujours pas à le croire. Mais non, ce n'est pas ce que veut dire Ochoa. Une « imputation directe », c'est une accusation.

— Une personne vous reconnaît, sans aucun doute, et assure que vous avez bien participé à sa détention. C'est un certain Ezequiel qui dit cela, dans les procès-verbaux établis par l'AFI. Un jeune type de vingt-deux ans qui était dans la cabane du ranch quand on a filmé votre arrestation pour la télévision. Il dit qu'il vous reconnaît formellement. Je ne sais pas encore comment, mais il vous reconnaît.

Alors, je dis à Ochoa que c'est impossible, qu'il faut me confronter à ce type, qu'on ne peut pas laisser une telle ignominie dans mon dossier ; mais il reste imperturbable, c'est tout juste s'il m'écoute. Il lit des documents, vaguement indifférent dans son costume bien taillé, sa sacoche à ses pieds. Je n'arrive même pas à savoir s'il me croit.

— Je vous répète que je n'ai rien à voir dans tout ça ! Il faut absolument que je sorte ! Vous êtes là pour ça, non ?

Je lui dis que je compte sur lui, mais tout cela glisse ; et s'il relève la tête, c'est uniquement pour me poignarder :

— Ne vous faites pas d'illusions, ce sera long. Vous n'êtes pas près de sortir…

En fait, il a vu le montage de l'arrestation en direct à la télévision et il m'assure qu'il a compris : tout est faux, il arrivera bien à le démontrer et je finirai par m'en sortir, selon lui. Et il se lance dans une histoire incroyable : ce jour-là, il serait passé sur la route de Cuernavaca avec un ami à lui, un acteur ou je ne sais quel artiste, et ils ont vu toutes les camionnettes de l'AFI. C'est une histoire à dormir debout, je le regarde en me demandant vraiment à qui j'ai affaire mais il ne se trouble pas le moins du monde. Il finit même par me donner un pronostic, du bout des lèvres, presque par obligation :

— Vous sortirez dans trois ans, après l'*amparo* final[1].

Là, je pique une crise. Une vraie. Je tape du pied, je pleure et peut-être même que je le frappe, je ne sais plus ce que je fais, c'est trop dur d'entendre ça. Trois ans ?

— Peut-être quatre…

Il va partir et je suis anéantie. Mais il prend encore quelques minutes pour m'achever et me parler de ses honoraires :

— Ce sera dix mille euros par mois. Il faut payer d'avance.

Il me l'annonce comme un ordre, sans me regarder. Moi qui ne possède rien. Moi qui suis obligée de mendier pour fumer une cigarette. Moi qui mets les mêmes fringues tous les jours, que je suis obligée de laver chaque soir parce que je n'en ai pas d'autres. Dix mille euros par mois, et il promet de me sortir dans quatre ans !

1. La Cour de cassation.

4

Je suis contente que le mois de janvier soit fini. À l'époque de la nouvelle année, c'est encore pire d'être en prison. Cela va bientôt faire deux mois que je suis à l'*arraigo* et je ne comprends toujours pas ce qui m'arrive. L'avocat me dit que l'une des trois victimes m'accuse mais que les deux autres affirment qu'elles ne m'ont jamais vue. Il ne manquerait plus que ça !

Mais pourquoi l'un ment-il ? Il s'appelle Ezequiel, Ezequiel Elizalde. C'est un jeune homme, à peine plus de vingt ans, et son nom ne me dit rien. Dans sa première déposition à la police, il raconte qu'il me reconnaît à la couleur de mes cheveux, mais il dit qu'ils sont blonds ! Ça ne doit pas valoir grand-chose, une déclaration pareille : moi qui suis rousse depuis toujours ! Maître Ochoa me dit aussi qu'Israël a toujours affirmé, depuis le début, que je n'étais au courant de rien, qu'il séquestrait des gens ailleurs, que rien ne se passait au ranch et que notre vie à deux n'avait rien à voir avec tout cela. Je n'arrive pas à réaliser qu'Israël – l'homme charmant qui m'avait touchée par sa gentillesse et sa vie toute simple – puisse être cet homme-là, qui a reconnu une dizaine de séquestrations, plus la mort d'un homme !

Mais pour l'instant, il faut surtout que j'essaie de penser à moi. Et que puis-je bien faire, à part accorder ma confiance à Me Ochoa et continuer de dire que je suis innocente, que je n'ai rien fait à ces gens, que je ne savais pas et qu'on m'a emmenée là un matin alors que ma vie promettait justement de prendre de belles couleurs, ici, à Mexico ? Depuis le temps que j'attendais ça. Comme ça me paraît loin, maintenant…

Aujourd'hui, j'ai reçu un message étrange de mon avocat. Une personne l'a contacté par e-mail, elle veut que je l'appelle à la télévision où elle travaille. Elle s'appelle Denise Maerker : c'est une journaliste vedette qui anime une émission d'actualité très suivie le dimanche soir sur Televisa. Elle a la réputation d'être indépendante, pugnace ; les hommes politiques acceptent de se rendre à son émission parce qu'elle est crédible, justement. Elle a le courage de les contredire et c'est ce qui plaît au public. C'est ce qu'on m'en dit en tout cas. Enfin quelqu'un qui s'intéresse à moi ! C'est bien la première fois. Et une journaliste mexicaine, en plus !

Je l'appelle depuis la prison et elle me dit qu'elle a suivi mon histoire, qu'elle cherche à comprendre parce que c'est la première fois depuis longtemps que la police arrête un gang de cette sorte, qu'elle trouve étonnant que tout cela se soit passé devant la télévision et qu'elle a l'intention d'enquêter. Je n'en crois pas mes oreilles ! Je suis convaincue qu'elle va pouvoir m'apporter son aide. Elle semble même me croire quand je lui dis que je suis innocente, quand je lui raconte le montage de l'AFI, les otages qu'on a amenés au ranch et tous les détails de ma journée de cauchemar. C'est inouï ! Je n'en reviens pas et mon cœur bat comme un fou quand je raccroche. L'émission est pour bientôt : ce sera dimanche soir, dans trois jours. Denise Maerker, c'est toutes les semaines à la même heure et elle est très regardée. Alors, une enquête sur cette histoire de fous que je n'arrive pas moi-même à démêler, c'est peut-être ma chance de m'en sortir !

Ce sera tout l'inverse, d'ailleurs, mais pour l'instant je n'en sais rien. Je continue de vivre ici dans mon tee-shirt rouge, en pensant à cette femme qui s'intéresse à moi. C'est à mon histoire d'arrestation médiatique qu'elle s'intéresse, en fait. Qu'importe. Pour moi, l'essentiel est que quelqu'un – une grande journaliste ! – mette son nez dans ce montage grotesque. Que je ne sois plus seule à crier dans le vide.

J'y pense sans arrêt. Je suis impatiente d'être à dimanche soir, tellement impatiente que je vais peut-être commettre une imprudence. C'est la faute d'Armas, le directeur de la prison. Je ne connais pas son prénom, je sais juste qu'il s'appelle Armas, cet homme impressionnant au regard noir qui m'avait pointé un pistolet sur la tempe à mon arrivée ici. Comme j'ai pu en avoir peur, de ce type ! À trembler devant lui. Mais j'essayais toujours de ne pas le montrer, de donner le change. Et voilà qu'un soir il fait ouvrir la porte de ma cellule pour entrer, me demande si je vais bien et comment je tiens le coup. J'avais bien eu l'impression qu'il avait un peu changé de comportement vis-à-vis de moi, depuis quelque temps, mais je n'y croyais pas vraiment. Peut-être que je prenais mes désirs pour des réalités.

En tout cas, il est bel et bien là, dans ma cellule ; il s'est même assis sur le bord de mon lit, je n'en reviens pas. J'ai tellement besoin que quelqu'un m'écoute, me croie. Tellement envie que cette peur qui ne me quitte pas s'atténue un peu. Et qui mieux que lui peut m'aider à cela ? Il me parle doucement et je me sens en confiance pour la première fois depuis longtemps. J'ai envie de croire qu'il est sincère. Je ne me pose même pas la question, en fait. Je prends la précaution de ne pas lui parler du coup de fil à Denise Maerker, mais je lui dis que je vais passer à la télévision. C'est plus fort que moi, parce que c'est justement ce soir-là, quelques minutes plus tard, et que je ne tiens plus. Je n'aurais peut-être pas dû, mais ça m'a fait tant de bien de parler de cela avec quelqu'un ! Il m'écoute, j'ai même l'impression qu'il approuve, qu'il dit que c'est une bonne chose, juste d'un mouvement de la tête. Mais son téléphone sonne et il s'en va. Sans rien ajouter, sans s'étonner que je sache cela, sans se mettre en colère.

En tout cas, il m'a entendue parce que le soir il est devant sa télévision. Moi aussi, bien sûr, comme beaucoup d'autres dans la prison. Denise Maerker traite souvent des problèmes de sécurité, des crimes, des trafics de drogue et d'armes, des questions de justice : alors dans cette prison et dans toutes les autres, on la connaît ! Pour ma part, c'est la première fois que je la vois. C'est une dame un peu plus âgée que moi, les cheveux courts et le regard clair, plutôt jolie. Le ton de sa voix, son port de tête et d'autres choses imperceptibles lui donnent une autorité naturelle, un air de franchise décidée qui en impose. Ce soir, elle a deux invités à sa droite, deux hommes d'âge mûr, un magistrat et un policier de haut rang, Garcia Luna, mais elle n'est pas impressionnée. On jurerait même que ce sont les deux types qui sont le moins à l'aise. Des images de l'arrestation défilent. Je revois le ranch, je me découvre pour la première fois sur ces images qui ont fait le tour du monde et je m'entends crier devant les caméras que je suis innocente, que je ne comprends rien à tout cela, j'ai l'air complètement paniquée. J'ai une tête de revenante là-dessus, mais ce n'est pas étonnant : je viens de passer une nuit dans une camionnette. Il y a aussi les images d'Israël, celles où on me pose à côté de lui, contre la voiture siglée AFI, et puis les mots d'Ezequiel. Je ne les avais pas encore entendus non plus. Je les avais juste lus dans un procès-verbal. Je ne comprends pas pourquoi il dit tout cela, mais je ne conçois pas non plus qu'on puisse lui accorder du crédit. Il dit n'importe quoi à mon sujet ; il se trompe sur la couleur de mes cheveux, sur la description de mes mains...

Le sujet fait son effet. Quand on revient sur le plateau, on a encore les images en tête, des cris, des pleurs, et mon visage et celui d'Israël. Mais Denise Maerker enchaîne. Elle laisse à peine le temps au chef des flics de montrer sa satisfaction. Il peut à peine dire qu'il s'agit d'une dangereuse bande, on entend tout juste le mot « Zodiacos », qui serait le nom de cette bande, et le mien aussi, celui de « la Française », qu'il réussit à placer. La journaliste dit que, justement, elle m'a parlé au téléphone. Elle leur donne ma version des faits : les choses ne se sont pas du tout passées de cette manière, et surtout nous avions été arrêtés la veille. Elle répète mot pour mot tout le contenu de notre conversation trois jours plus tôt, je n'en reviens pas ! D'abord, le policier ne se démonte pas. C'est un homme solide, il a l'air terriblement sûr de lui et encore très content de l'effet du film que l'on vient de voir. Je comprends qu'il s'agit en fait du chef de l'Agence fédérale d'investigation. Il est venu là pour présenter un joli coup de filet : voilà pourquoi il a ce petit rictus au coin des lèvres. Son visage rond respire la satisfaction, ses yeux noirs lancent des éclairs, et on a l'impression que les questions de Denise Maerker lui glissent dessus :

— Cette jeune femme ne doit pas être très bien dans sa tête !

Il est toujours plus satisfait de lui, presque souriant, alors mon sang ne fait qu'un tour. À la porte de ma cellule, j'appelle le garde dans le couloir et je vois le téléphone libre : coup de chance. Je lui dis que j'ai besoin d'appeler mes parents, que je sais bien qu'il est tard mais que c'est vraiment nécessaire. Je n'ai pas besoin de jouer l'affolement : ce que je viens de voir et d'entendre m'a mise hors de moi. En fait, je ne me contrôle plus. Un des moments les plus importants de ma vie est en train de se jouer, mais j'avance sans réellement penser à ce que je fais. Et certainement pas aux conséquences !

Devant le téléphone, je sors le papier avec le numéro que j'ai composé trois jours plus tôt. C'est sûrement l'assistante de Denise Maerker parce qu'on décroche au bout d'une ou deux sonneries, comme si on m'attendait. J'ai à peine le temps de me présenter que la voix me dit :

— Ne quittez pas.

— Allô, Florence ?

C'est Denise Maerker ! On vient de la prévenir que je suis au téléphone, alors elle a interrompu Garcia Luna et me prend en direct ! Je ne le vois pas, à ce moment-là, mais le chef de l'AFI perd un peu contenance. Il saisit un verre devant lui et fait mine de boire, il baisse la tête et regarde ailleurs. C'est ma voix qu'on entend. De nouveau, je raconte mon histoire. Je dis bien clairement que c'est au matin du 8 décembre que nous avons été arrêtés, et je parle de la camionnette toute la nuit, du retour au ranch ; encore une fois, je vais vite, j'essaie de ne rien oublier mais je sais que je n'ai pas trop de temps parce que tout s'agite autour de moi. Dans les cellules, ceux qui regardent l'émission commencent à crier, à applaudir, j'entends des bruits de bottes qui courent dans les couloirs, alors je jure que ce que je raconte est vrai, je leur demande même de me soumettre au détecteur de mensonges, et encore une fois je dis que je suis innocente, que je n'ai enlevé personne et que je n'étais au courant de rien. Dans la prison, c'est le branle-bas de combat. À quelques mètres de moi, de l'autre côté d'une grille, je vois une vingtaine de gardes se battre avec la serrure de la grille : ils me hurlent d'arrêter ça, de raccrocher et cela me fait paniquer. Je vais jusqu'au bout, mais la grille s'ouvre : je n'ai pas le temps de raccrocher, ils sont là, ils sautent sur moi et s'emparent du téléphone pendant que les autres détenus, dans les cellules, se sont passé le mot. Tout le monde a mis la télé, ils m'ont tous entendue, et maintenant ils hurlent et battent des mains, c'est la folie autour de moi, et la seule chose qui me vient à l'esprit, dans ce tumulte incroyable, au moment où je me sens soulagée de quelque chose, sereine et heureuse de ce que je viens de faire, malgré tout, c'est cette idée nouvelle : « Florence, tu vas t'en sortir ! ».

Je n'ai pas pensé une seule seconde aux conséquences de mes actes. Je ne les connais pas encore d'ailleurs, et j'ai de nouveau vaguement peur de la brutalité avec laquelle on m'emmène, de la férocité des cris. Un moment, je pense même qu'ils vont peut-être me tuer. Et en même temps, c'est incroyable, une partie de moi se sent vraiment bien ! Au fond, je crois que je suis fière. Je me rends compte qu'il était vital pour moi de lancer ce cri, de ne pas me laisser faire, ni croupir dans ma cellule pendant qu'un chef de la police dit n'importe quoi à mon sujet, que je suis une ravisseuse, une criminelle, et quoi encore ?

C'est comme si j'avais récupéré une partie de moi. Comme si j'avais enfin retrouvé le droit à la parole. On m'a tellement humiliée !

Les gardes m'emmènent chez Armas, le directeur de la prison, et j'ai de nouveau très peur de lui. Il a vu l'émission, lui aussi. Je sens qu'il m'attend de pied ferme et je sais que tout peut arriver. Mais il se comporte bien. Et même, il rit quand j'arrive dans son bureau :

— Alors là, bravo ! Toi, t'as des couilles...

Je suis sur mes gardes tout de même parce qu'il est de nouveau très impressionnant et ce qu'il dit n'est pas forcément rassurant.

— Tu vois, le gars que tu viens de ridiculiser en direct à la télévision, c'est mon supérieur.

Il est calme, étonnant de sérénité, et en même temps inquiétant.

— Toi et moi, on va avoir de graves ennuis...

Et à ce moment-là, on ne sait pas encore que son supérieur, Genaro Garcia Luna, deviendra ministre de la Sécurité publique quelques mois plus tard. Le ministre de l'Intérieur mexicain, en quelque sorte.

Armas veut savoir pourquoi Denise Maerker a dit qu'elle m'avait parlé au téléphone. Il a fait venir le registre des appels, avec les noms des prisonniers et la liste des numéros qu'ils demandent.

— Je ne vois pas le numéro de Televisa. Tu n'appelles que tes parents.

Mais parfois, les gardes font moins attention, c'est comme cela que j'ai appelé la journaliste – au culot. Il y a encore un silence qui me fait paniquer, mais Armas sourit de nouveau :

— Vraiment, toi, alors...

Il est agacé, je le sens bien, mais il n'explose pas. Je crois qu'il comprend ma position. Je le trouve très humain, finalement. Il me laisse rentrer dans ma cellule.

Sur le chemin du retour, je comprends tout de suite l'effet qu'ont produit cette émission et mon intervention intempestive. Apparemment, je suis la seule à ne pas avoir été devant la télévision à ce moment-là. Les autres détenus sont dans un tel état d'excitation que je ne sais plus que penser. Tout cela me touche beaucoup et me fait peur en même temps. J'entends leurs cris, leurs mots, et je ne réponds rien parce que cela me dépasse. Un type derrière les barreaux de sa cellule me lance une carte de téléphone, un autre me crie :

— T'es une chouette nana !

Et d'autres mots encore, des sifflets, des rires, et j'ai envie d'y voir un peu d'admiration, cela me fait du bien.

En tout cas, ma vie à l'*arraigo* change brutalement, à partir de ce jour. La promenade n'est plus un moment si douloureux. On me parle, on me fait des cadeaux, parfois juste un clin d'œil. Des gars que je ne connais pas achètent pour moi une tablette de chocolat au distributeur et me la tendent, avec quelques mots ou seulement un sourire. À leurs yeux, je ne suis plus la même. Ils me considèrent autrement, même si je ne sais pas précisément ce que cela veut dire. Est-ce que je les ai convaincus de mon innocence ? Peut-être, pour certains. Mais peut-être que d'autres estiment tout bonnement que j'ai eu du courage, et cela compte, en prison, pour être respecté. Ici, comme ailleurs, il y a de puissants trafiquants de drogue qui n'ont pas les mêmes conditions de détention que tout le monde. On dit qu'ils paient, que cela fait partie de la vie en prison, de la corruption au quotidien du Mexique. Justement, il y en a un, à mon étage, qui ne s'était jamais retourné sur moi. Un gros « narco », comme on dit ici, qui a ses hommes de main autour de lui, des gardiens bienveillants et une cellule pas tout à fait comme la mienne. Par exemple, il dispose d'une machine à café, au mépris du règlement de l'établissement qui l'interdit formellement, mais pour lui on ferme les yeux. Un jour, il m'a même fait porter un café.

Mais il y a aussi d'autres conséquences auxquelles je n'ai pas songé un instant. Les jours suivants, Armas vient plusieurs fois : il s'assied et me parle de ma situation, jamais de la sienne. Jamais je ne saurai s'il a eu des ennuis à cause de moi. En revanche, les miens reprennent de plus belle. La presse parle beaucoup de l'émission de Denise Maerker, et c'est aussi à ce moment précis que deux des trois personnes qui ont été présentées à la presse comme nos victimes le jour de notre arrestation changent radicalement de version. Jusque-là, Cristina Rios Valladares et son fils de onze ans, Cristian Hilario, ont toujours dit qu'ils ne me connaissaient pas et même qu'ils n'avaient jamais vu de fille parmi leurs kidnappeurs. Je me souviens même avoir entendu cette dame crier que nous n'y étions pour rien, dans l'affolement de la mise en scène au ranch, le matin du 9 décembre, quand sont arrivées les caméras de télévision. Mais voilà que les journaux mexicains sont pleins de nouvelles déclarations, maintenant, dans lesquelles Mme Valladares dit tout à fait le contraire. Elle ne sait plus si l'arrestation a eu lieu le 8 ou le 9 décembre, en tout cas elle me reconnaît désormais formellement. Selon elle, j'ai même fait une prise de sang à son fils ! Voilà qui fait boule de neige dans la presse mexicaine, dans les jours qui suivent l'émission de Denise Maerker au cours de laquelle j'ai bousculé la tranquille mauvaise foi de Genaro Garcia Luna. Personne ne peut croire qu'il s'agit d'une coïncidence. Autour de moi, tout le monde est convaincu que ces témoins ont été sollicités par le pouvoir, qu'ils ont peut-être été payés et qu'on leur a promis une protection et des conditions de vie meilleures. On m'a dit qu'ils étaient ensuite partis vivre dans le sud des États-Unis, là où se réfugient ceux qui ont besoin de se faire oublier.

Le résultat est catastrophique. La campagne de presse bat son plein pendant plusieurs jours et je n'ai aucun moyen de la contrecarrer. Les mensonges prennent toute la place et je suis plus que jamais Florence la kidnappeuse, Florence la Française du gang des Zodiacos, et on repasse les images du montage de mon arrestation, soigneusement choisies pour que j'y apparaisse inquiétante : on ne me voit plus crier mon innocence, on me présente surtout au côté d'Israël, quand il a la tête baissée et que je le regarde. On voit aussi cette image où je me reconnais à peine, en survêtement blanc, quand je sors d'une camionnette de l'AFI pour entrer à la *Siedo*, tête haute, apparemment sûre de moi, un léger rictus au bord des lèvres. Cette image me fait un mal fou auprès de l'opinion publique mexicaine, qui prend mon comportement pour de l'arrogance, alors qu'à cet instant j'étais morte de trouille...

Les nouvelles déclarations de Cristina Rios Valladares et de son fils ont tout changé. Je me demande s'ils pensent parfois à moi, s'ils ont conscience que je suis en prison à cause d'eux et comment ils font pour vivre avec ça... Moi, j'ai ma conscience, au moins. Je me dis qu'ils finiront par revenir sur leurs mensonges. Qu'ils diront la vérité. Ils ont sans doute été enlevés, mais je ne sais pas par qui ni où ils étaient. Je rêve de quelqu'un qui pourrait me dire : « Je vais t'expliquer ce qui s'est vraiment passé... »

Bien sûr, on me dira souvent, ensuite, que j'ai scellé moi-même mon sort le soir où j'ai téléphoné à Denise Maerker. On me l'a fait comprendre par A plus B. Frank Berton et Agustin Acosta, quand ils sont devenus mes avocats, et même l'ambassadeur. Mais bon sang, je l'ai fait parce que c'est ça que j'avais en moi à ce moment-là ! Je l'ai fait spontanément, sincèrement, parce que je croyais encore à la justice, et pas à la corruption. Alors j'ai crié la vérité, je croyais que c'était la meilleure de mes armes parce qu'elle était en moi. Me reprocher cette réaction, au fond, c'est comme si on me reprochait d'être rousse.

Heureusement, mes parents ne me blâmeront jamais pour ce coup de sang. Ils apprennent ce qui s'est passé et me disent qu'ils me trouvent courageuse. D'autres aussi, dans la prison, disent que j'ai été courageuse ; mais la vérité, c'est que j'ai été inconsciente parce que je suis innocente. Voilà pourquoi je n'ai pas réfléchi. Et je sais que mes parents n'ont jamais eu le moindre doute. C'est fou ce qu'ils me manquent ! J'ai envie de les voir, qu'ils me serrent dans leurs bras. En réalité, j'ai terriblement peur qu'on les arrête, eux aussi, et qu'on les emprisonne. C'est arrivé avec des familles, on les voit ensemble dans les promenades, et je ne veux surtout pas que ça nous arrive. Alors, même si cela me coûte terriblement, je leur dis de ne pas venir pour le moment et je continue de les appeler, jusqu'à trois fois par jour. Je sens bien, au début, que les gardiens sont plus attentifs, plus près de moi quand je fais le numéro, et puis cela s'estompe au bout d'un moment. Parfois, certains me donnent même des revues, me disent quelques mots ou me passent des messages d'autres détenus. Certains gardiens sont plus gentils que d'autres, bien sûr. C'est un de ceux-là qui vient dans ma cellule, un jour, et me dit de prendre une douche, de me changer et de mettre d'autres vêtements.

— Tu pars ce soir.

5

Nous sommes le 7 mars et la nuit est tombée doucement, vaguement inquiétante parce que je sais qu'il va encore m'arriver quelque chose. Mais quoi ? Ce gardien, à l'*arraigo*, m'a juste dit que j'allais partir ce soir et j'ai compris que je devais me tenir prête. J'ai donc pris une douche et mis mes habits beiges. J'attends là, assise sur le bord de mon lit, tremblante et perdue. Je commençais tout juste à me détendre ici, à reprendre un peu confiance. J'essaie d'imaginer ma prochaine destination et j'ai beau retourner le problème dans tous les sens, je ne trouve rien de très encourageant. Je suis arrivée au terme des quatre-vingt-dix jours donnés aux enquêteurs pour réunir des preuves : s'ils ne m'ont pas relâchée, c'est qu'ils comptent m'enfermer pour de bon en attendant un procès. M'enfermer dans un de ces pénitenciers dont j'ai entendu parler… J'en ai fait des cauchemars. Je me voyais dans ces geôles puantes, minée par la saleté et la violence : ici, ce n'est pas une légende ou du cinéma, c'est bien la réalité. Voilà pourquoi j'ai pris une douche : je ne sais pas s'il y en aura là où je vais, ni dans combien de temps je pourrai en prendre une. J'avais également pris la précaution de demander au consul de France quelques conseils vestimentaires. On m'avait prévenue : les détenus qui ne sont pas habillés de beige sont entièrement déshabillés à leur arrivée au pénitencier et on leur présente un tas de vêtements sales et usagés dans lequel ils doivent choisir. J'ai préféré éviter cela, au moins cela.

Au moindre bruit, je sursaute. J'essaie de contenir la panique qui me guette à nouveau, avec ces tremblements que je ne parviens pas à maîtriser. Je passe décidément par tous les états sans pouvoir contrôler quoi que ce soit. Il y a trois jours à peine, je me suis laissé prendre à un fol espoir quand on est venu me présenter un document sur lequel j'ai lu que je pourrais sortir dans quarante-huit heures. Sans réfléchir, j'ai sauté de joie. Je me suis dit : « Ça y est, ils ont compris que je suis innocente, ils ont enquêté et trouvé la vérité, je vais sortir ! ». J'ai appelé mes parents, folle de joie, je leur ai annoncé : « Je vais sortir, je vais sortir ! », et je tournais dans ma cellule en serrant les poings… Mais Me Jorge Ochoa m'a ramenée à la réalité. Lors de l'une de nos conversations téléphoniques, il m'a calmée d'un seul coup, en me faisant comprendre que je n'avais pas tout lu. Il s'agissait juste de la signification du délai des quatre-vingt-dix jours. Les documents disaient effectivement que l'une des deux possibilités était qu'on me remette en liberté si aucune preuve n'avait été trouvée contre moi ; mais il y avait aussi la deuxième, que je n'avais pas lue, sans doute guidée par mon inconscient : celle d'un placement en détention en vue du procès. Alors j'ai rappelé mes parents, mais je n'ai pas pu m'empêcher de garder espoir. De me laisser aspirer par cette évidence qu'un jour ils finiraient par reconnaître leur erreur, qu'ils découvriraient qu'on s'était assez servi de moi comme ça, que j'avais suffisamment souffert et qu'humainement on ne pouvait pas m'en faire plus. Dans un coin de ma tête, brille toujours cette lueur qui ne demande qu'à grandir.

Je suis là, dans le silence de cette nuit oppressante, assise au bord de mon lit à trembler, avec mes deux paires de chaussettes, mes deux soutiens-gorge et mes deux culottes sous mes habits beiges. C'est tout ce que j'ai. J'ai tout pris, tout mis sur moi, pour être sûre qu'on ne me confisque rien. On vient me chercher. Le gardien n'avait pas menti. Sans un mot, comme d'habitude, on m'entraîne par le bras, on m'installe dans une voiture avec des policiers de l'AFI, et la peur au ventre revient : je suis incapable de me raisonner ou de m'empêcher d'imaginer le pire. Et les quartiers que traverse la voiture, au fil de son parcours, sont de plus en plus inquiétants. Des rues sales, des trottoirs jonchés de pièces automobiles, de carcasses de motos, et des hommes au milieu de la rue, qui s'écartent à peine devant la voiture des policiers, comme par défi. J'attrape parfois leurs regards noirs qui me plongent encore plus dans l'angoisse de ce qui va m'arriver. Soudain, la voiture tourne à droite, dans une rue plus large : je vois la silhouette massive, cauchemardesque d'un pénitencier, avec ses hauts murs blancs et ses miradors, du fil de fer barbelé qui court tout le long des murs et cette vaste esplanade qui y mène, comme s'il n'y avait pas d'autre solution. C'est la prison pour femmes de Santa Martha Acatitla. Sans doute la plus connue du Mexique. La plus terrifiante, en tout cas, d'après ce qu'on m'a dit à l'*arraigo*. J'avais raison de craindre le pire. À ma descente de voiture, on m'ôte les menottes et j'entre dans la prison sous le regard de quelques caméras.

Qui a bien pu prévenir les journalistes ? Et pourquoi ?

Je ne vais pas me le demander longtemps. Les gardiens sont tous en uniforme noir, et ils me disent immédiatement que je dois les appeler *jefe* – « chef ». Je n'en reviens pas ! Cela me révolte d'être obligée de les appeler ainsi, tous ces arrogants, méprisants, ouvertement hostiles, qui semblent avoir tous les pouvoirs. Ce sont sans doute eux qui ont appelé les médias : ils me font comprendre d'emblée qu'ils me connaissent, qu'ils m'ont vue à la télévision, ces derniers temps, et qu'ils ont tout compris : je suis la Française ravisseuse d'enfants, ils ne me feront pas de cadeau. Il n'y a aucun doute sur ce qui m'attend.

Les types de l'AFI m'ont déposée là et ils sont repartis. Je suis maintenant entre les mains de ces *jefes* silencieux et patibulaires qui me poussent le long d'interminables couloirs sombres et sales, où les odeurs se mêlent sans qu'on puisse vraiment les reconnaître. Une seule chose est sûre : le mélange est écœurant, j'en ai la nausée. À l'étage, on marche encore un moment dans la pénombre et ils s'arrêtent devant une rangée de cellules fermées. Le couloir est vide, à l'exception d'une seule garde, sans doute la responsable de l'étage.

— Je t'explique les règles : ici, si tu te comportes bien, il ne t'arrive rien. Si tu ne te comportes pas bien, ce n'est pas pareil. Tu le regrettes rapidement et, crois-moi, tu ne fais pas le poids, me prévient-elle.

Je veux bien la croire ! J'ai tellement peur que je ne peux pas répondre. Alors, l'autre enchaîne :

— Tu vois, elle, elle a compris. Elle se comporte bien et on la laisse tranquille.

Je me retourne vers la personne dont il me parle. Je pousse un hurlement que je n'ai même pas pu retenir. C'est plus fort que moi. La femme que je vois se tient debout, dans le noir, derrière la grille de sa cellule, et ses yeux terrifiants me fixent durement. C'est un monstre. Elle mesure au moins un mètre quatre-vingt-dix, on dirait une catcheuse, avec des mains comme des battoirs et des bras énormes. C'est la *Mataviejitas*, la « tueuse de vieilles ». Je ne peux pas me tromper : depuis le mois de décembre, on la voit sans cesse à la télévision. C'est bien simple : il n'y en a que pour elle et moi, depuis trois mois. Elle a une tête incroyable de tueuse, des mâchoires fortes et serrées, des yeux enfoncés qui me glacent. J'ai l'impression d'être dans un film d'horreur. Je n'arrive pas à me détacher de ce regard et j'entends le gardien qui continue :

— La Mataviejitas, elle se tient tranquille et tout va bien pour elle. Il faut que tu t'en inspires...

On me pousse alors dans la cellule voisine. Je me retrouve seule. J'essaie de contrôler l'effroi qui me secoue et me donne envie de pleurer : « OK, je suis là, il y a la Mataviejitas à côté, mais la grille est fermée, tout va bien... » Il fait un froid de canard, je suis assise sur une paillasse en fer, je ne sais pas quelle heure il est et j'ai mal à la tête. Est-ce la peur ? Ou peut-être l'odeur ? Je suis perdue. Je reste toute la nuit comme ça, les bras croisés, serrés contre moi pour avoir le moins froid possible, et je suis paralysée, incapable de bouger ou même de penser.

Au petit matin, quand la prison s'éveille, les bruits et les cris ne sont pas plus rassurants. Je les entends à peine, j'essaie de m'en extraire, comme si je pouvais échapper à mon sort, comme si je pouvais nier que je suis là, dans l'un des pires endroits de ce pays et que je ne sais pas ce qui m'attend.

— Tu vas au tribunal.

Je ne m'attendais pas à cela mais, sans que je sache exactement pourquoi, cette phrase me fait du bien. Je suis tellement positive, même dans ces moments-là. Je m'imagine qu'on va venir me chercher gentiment, quelques policiers de l'AFI dans une voiture, qu'on va me présenter devant un tribunal et que, là, quelqu'un va me dire : « Excusez-nous, mademoiselle, finalement nous n'avons rien à vous reprocher », et que tout cela va se régler dans la journée. Je ne vais tout de même pas rester dans cet endroit épouvantable, au risque d'y mourir de peur ! Je ne suis pas taillée pour cela, c'est au-dessus de mes forces. Et puis, j'ai la mentalité française. Chez moi, un endroit comme ça n'existe pas !

Mais on m'emmène vers un camion garé dans la cour, déjà chargé de près de trente filles, assises sur les banquettes fixées aux parois, ou debout au milieu, serrées, pressées, si mal installées qu'elles en sont agressives et s'insultent en hurlant, c'est incroyable. Quand je monte, il reste une place assise juste au bord, alors je m'installe là et je prends un grand coup de bâton dans les côtes parce que c'est la place du gardien – je n'avais pas compris ! Je n'ai pas d'autre choix que d'aller me coller à celles qui sont le plus au bord, de pousser comme font toutes les autres, pour que les gardiens puissent fermer la grille du camion cellulaire.

Cela ne dure pas longtemps. Deux autres gardiens arrivent en courant. Ils viennent chercher quelqu'un, et justement c'est moi qu'ils veulent. Les autres me regardent partir d'un air mauvais. On m'emmène vers les bureaux où on me prend en photo, où on me pose un tas de questions sur ce que je suis, ce que j'ai fait les dernières semaines, d'où je viens et toutes sortes de choses qu'ils écrivent dans un dossier. Cela dure une heure, au moins, et je crois naïvement que le fourgon est parti, que ce sera pour une autre fois, mais pas du tout ! Quand tout cela est terminé, on me ramène au camion cellulaire, qui est toujours là. Les trente filles ont attendu pendant tout ce temps, serrées, debout ou assises. Elles sont furieuses, et bien sûr, s'en prennent à moi. À peine montée, je reçois des coups de coude, des coups de poing, des coups de pied qui me viennent d'un peu partout. Bravache, je rends coup pour coup, je me débats et je garde la tête droite, les yeux dans ceux de mes voisines, espérant leur faire croire que je n'ai pas peur, que je ne me laisse pas impressionner. Et on dirait que ça marche. Non pas que les regards s'adoucissent, mais la pluie de coups cesse peu à peu et je me fais une place près de la barre verticale à laquelle je m'agrippe pendant que le fourgon roule et que nous sommes ballottées, cognées les unes contre les autres – ce qui ne diminue pas l'agressivité ambiante. Deux ou trois fois, mon regard croise celui d'une femme assise au fond, qui me fusille, ne me lâche pas, un regard que je n'arrive pas à soutenir, dur, méchant, qui vient d'un visage aussi masculin que celui de la Mataviejitas elle-même ; c'est une autre catcheuse, on dirait, elle semble m'en vouloir mais je ne sais pas pourquoi.

Une fois à l'arrêt, ma peur me fait bondir du camion. Mais où sommes-nous arrivées ? C'est un endroit encore pire que le pénitencier, ici. Je ne croyais même pas que c'était possible. Je vais de cauchemar en cauchemar, en descendant toujours plus au fond de l'horreur et en me demandant combien de temps je vais tenir dans ce monde infernal et violent. C'est une suite de longs couloirs répugnants – il semble qu'on ait encore franchi un palier dans l'abject –, un peu comme les boyaux d'un métro qu'on n'aurait jamais entretenu. Il y a des gens partout, mais uniquement des détenus, pas de gardiens. Il faut comprendre : ils n'étaient que quatre, dans le fourgon, pour une trentaine de détenues, alors ils nous poussent là-dedans et ferment les portes. À présent je suis livrée à cette jungle mixte, des hommes et des femmes qui déambulent, le plus souvent en donnant l'impression de savoir où ils vont – ce qui n'est pas du tout mon cas.

J'avance un moment au petit bonheur. Ce qui m'entoure est vraiment effrayant. Je cherche les toilettes et je finis par comprendre que ce sont ces ouvertures dans les murs, des trous sans porte où chacun vient faire ses besoins devant tout le monde, qui n'ont pas été nettoyés depuis des lustres, au point que tout empeste, que des milliers de mouches volent… et plus tard je verrai des rats, aussi. Je vois des filles qui essaient de faire pipi et des mecs qui regardent, goguenards ; moi je ne pourrai jamais. Pourtant j'ai mal au ventre et je me tords, mais il n'est pas question que je m'abaisse à ce point.

Quelqu'un m'appelle et vient me chercher pour m'emmener à l'audience. On m'avait prévenue que c'était à onze heures. D'ailleurs, ce sera toujours à onze heures. Au moment où je me laisse entraîner, je tombe nez à nez avec la fille du fourgon, celle qui me fixait de ses yeux d'homme, de son regard méchant. Elle me dit qu'elle va me tuer, qu'elle me fera avaler mes dents, elle hurle, et je cours pour échapper à sa folie de menaces. J'ai peur qu'elle en vienne à me frapper, aussi. Cette fois, je n'ai ni la présence d'esprit ni le cran de faire semblant de résister, je suis prise de panique.

Je ne sais pas très bien comment j'arrive devant cette porte, au bout de plusieurs couloirs, de marches qu'on m'a fait monter, descendre et monter encore, mais j'entre dans une espèce de petite cellule et la porte se referme derrière moi. Devant, il y a une grille, à hauteur d'homme : mon avocat Jorge Ochoa se trouve derrière et me regarde arriver tranquillement. Je lui saute presque dessus et je hurle qu'une femme veut me tuer, qu'elle me menace de me faire avaler mes dents, je crie, je pleure et je m'entends dire :

— Je veux faire pipi !

En fait, il y a un micro dans cette cellule, j'ai hurlé au micro que je veux faire pipi et tout le monde m'a entendue. Dans la cellule, à côté de moi, Israël vient d'arriver. Ce sera une audience commune. Dès qu'il entre, je le vois au bord des larmes. C'est bizarre, mais je ne ressens rien. Ni peur ni haine, c'est comme si je ne savais pas très bien qui il est. Ou que je ne le savais plus. J'en suis peut-être à me demander si je l'ai vraiment su un jour et je l'entends me jurer qu'il n'a rien fait, il le jure sur la tête de ses enfants, sur la tête de ses parents et des miens, il insiste et veut me convaincre, finalement je ne sais plus ce que je dois penser. Je ne lui dis rien, je le regarde pleurer devant moi, me demander pardon. Je pleure avec lui. Il y a longtemps que des larmes n'étaient pas sorties. Je n'arrête pas de le regarder, j'essaye de comprendre et je m'aperçois que j'ai envie de le croire. Moi, je n'ai rien fait et je suis là tout de même, alors pourquoi pas lui ? J'ai l'impression qu'il est dans le même état de désespoir que moi, qu'il a peur, lui aussi, et au bout du compte je le trouve assez convaincant. Mais je ne dis rien. Je comprends que mon procès est sur le point de commencer, ce n'est pas le moment de prendre des risques.

Notre procès débute. Israël parlera le premier. On me fait sortir de ce box et on m'installe avec un gardien sur le banc juste à l'extérieur. Israël, lui, est à l'intérieur. C'est sa première déclaration : il doit expliquer sa position, la manière dont il va se défendre des accusations d'enlèvements et de toutes les autres. En fait, Israël est accusé de neuf enlèvements au total et de la mort d'un homme ; à cela s'ajoutent détention d'armes et association de malfaiteurs, comme moi. Il parle, il parle, c'est interminable et j'attends toujours, assise sur ce banc, dans ce couloir sordide ou passent parfois d'autres détenus qui sont là pour leur procès, ou simplement parce que c'est leur prison.

En fait, le procès se tient dans la prison pour hommes. C'est pour ça qu'il y en a tant, quand on descend du fourgon. Je suis obligée d'emprunter différents couloirs avant d'arriver au tribunal. Et là tout peut arriver, même le pire. Entre les cellules, il n'y a pas de gardes, c'est une zone de non-droit où le plus fort fait la loi ; je ne m'habituerai jamais, mais je finirai par me faire respecter tant bien que mal. Le secret est de ne pas traîner, car on ne peut pas faire grand-chose quand une bande de types vous coincent. Ils se déplacent à plusieurs, parce qu'il y a une réelle rivalité entre eux : des voyous, des tatoués, des drogués… c'est une véritable jungle dans laquelle les faibles n'ont pas leur mot à dire. J'ai vu des femmes se faire violer, ici, et personne pour s'interposer parce que c'est trop dangereux. J'ai vu des règlements de comptes d'une violence inouïe. Et j'ai fait comme tout le monde : faisant semblant de ne rien avoir vu, j'ai continué mon chemin, pas fière mais pas inconsciente au point d'imaginer que je peux faire le poids.

Quand Israël sort enfin du box, il est vingt heures. Il a parlé pendant neuf heures ! Il me regarde, exténué, il a vraiment une sale tête. Alors c'est à mon tour, moi qui croyais, vu l'heure, qu'on rentrerait à Santa Martha. De l'autre côté de la grille, se trouve un bureau, et un autre un peu plus loin, avec des gens qui écrivent et posent des questions, parfois. Juste derrière la grille, ce sont les avocats. Et au fond, là-bas, quelques chaises et des gens assis dessus ; des spectateurs, parce que les procès sont publics. Juste derrière cette grille contre laquelle j'appuie mon visage, c'est la vie, la liberté, un monde complètement différent de la folie dans laquelle je suis plongée, et qui me paraît si loin et si proche à la fois. Presque à portée de main et parfaitement inaccessible.

Je dois raconter mon histoire, pour la première fois. Comment je suis arrivée au Mexique et comment j'ai rencontré Israël. J'imagine qu'il a dit la même chose avant moi, et je crois que cela va me servir si les juges se rendent compte que je ne le connais pas depuis si longtemps, s'il a dit lui aussi que nous nous sommes séparés, puis remis ensemble et séparés encore. Toute ma vie au Mexique défile à nouveau et je m'aperçois que cela me fait du bien d'en parler, d'expliquer que ma vie avec Israël était celle de n'importe quel couple tout neuf et que, pour moi, il travaillait dans les garages de ses frères. Je leur dis que j'allais parfois au garage, que je les voyais occupés, que je voyais aussi les voitures qui passaient au ranch. Je leur dis que je n'ai pas imaginé un instant qu'il pouvait y avoir autour de moi des histoires comme ces enlèvements. Je parle, je parle, pour essayer de les convaincre que je suis une fille comme tout le monde avec ses amis, ses amours, son travail. C'est juste que je m'imaginais pouvoir travailler ici comme je l'avais fait en France, voilà ce qui m'a manqué. Tout cela défile à mesure qu'on me demande, qu'on me laisse expliquer, et pour la première fois depuis le début de cette folle histoire, j'ai l'impression de renouer avec ma vraie vie, de m'extirper un peu de ce bourbier devenu encore un peu plus infâme depuis la veille au soir.

6

Mon procès a commencé sans que je m'y attende. Sans même que j'aie eu le temps de m'y préparer.

Il est deux heures du matin, je suis à nouveau dans ce fourgon rempli de femmes fourbues et agressives. Ce rythme va devenir mon quotidien, pendant plus de deux ans : des allers-retours à la prison pour hommes, où se tiendra mon procès, jusqu'à ce que mon avocat décide que c'est suffisant, que les juges ont fait le tour de la question et peuvent juger, en toute connaissance de cause, que je n'ai rien à voir avec tout ça.

Je dois donc tisser une vraie complicité avec Me Ochoa mais mon problème est que je le trouve de plus en plus bizarre, cet avocat. Pour tout dire, je ne le sens pas. Lorsque j'étais à l'*arraigo*, il m'a fait une proposition très particulière que je n'ai pas bien comprise. Il m'a parlé d'une cassette vidéo qui existerait, selon lui, montrant Cristina Rios Valladares en train de faire ses courses dans un supermarché… deux jours avant sa prétendue libération. Je n'ai pas bien compris, parce que si cette cassette existe vraiment, c'est quelque chose d'énorme ! La preuve que tout cela est inventé, monté, une pièce maîtresse pour démontrer mon innocence. Si cette Cristina fait ses courses le 7 décembre, elle ne peut pas être séquestrée en même temps et l'accusation ne tient plus ! Mais Ochoa a dit qu'il ne pouvait pas se la procurer si facilement, qu'il lui fallait trente mille euros, que quelqu'un d'autre la détenait, et puis, au fil du temps, il n'en a plus parlé. J'ai de moins en moins confiance en lui, d'autant qu'il a demandé beaucoup d'argent à mes parents, qui sont en train de se saigner à blanc pour moi, à l'âge de la retraite, et qu'il ne fait pas grand-chose en retour.

Il remonte dans mon estime quelques jours plus tard. Ce matin-là, j'arrive à l'audience après un voyage en fourgon assez tranquille – ou peut-être que je finis par m'y habituer. Et puis, j'ai autre chose en tête : aujourd'hui c'est Ezequiel qui témoigne. C'est une affaire, ça ! La seule personne qui me reconnaît comme sa ravisseuse depuis le début. En fait, j'ai réalisé à l'*arraigo* que ce type est celui que j'ai aperçu, brièvement, derrière la cloison de bois du cabanon, le matin où il y avait toutes ces caméras, au ranch. Celui qui portait un bandeau dans les cheveux. Je suis vraiment curieuse de l'entendre, celui-là, et mon avocat me répète que son témoignage ne tient pas debout, qu'il se charge de le démontrer. J'ai l'impression qu'il a confiance et j'ai une folle envie de le suivre dans ce sentiment.

Les premiers témoins appelés sont le frère et le père d'Ezequiel. On leur passe les cassettes de leur répondeur téléphonique, qu'ils ont gardées. C'est la voix d'un homme qui dit être le ravisseur d'Ezequiel, qui demande une rançon et donne des instructions. Il y a trois ou quatre appels en tout et la question, pour le tribunal, est de savoir si cette voix peut être celle d'Israël. Mais ce n'est pas concluant. À mes côtés, Israël n'a pas bronché et je n'ai pas reconnu sa voix, même si c'est difficile, parce que l'enregistrement est de mauvaise qualité, plutôt nasillard.

Arrive ensuite Ezequiel. J'avais gardé le souvenir d'un homme plutôt grand, avec de la personnalité, et même beau dans mon souvenir. Je me retrouve face à un type sans envergure, un peu pataud, le regard terne. Cela n'a plus rien à voir du tout avec l'impression qu'il m'avait faite le 9 décembre. On n'est pourtant que quatre mois plus tard.

Il débute son témoignage contre moi. Jorge Ochoa avait raison : il m'accuse directement, sans le moindre doute. Dès qu'il se met à parler, je cherche son regard, je voudrais tellement le croiser, voir ses yeux et même si j'ai reçu consigne stricte de ne pas prendre la parole, lui demander par un regard : « Pourquoi ? Mais pourquoi tu mens ? ».

Mais il prend bien soin de ne jamais me regarder. Il a le plus souvent les yeux baissés et je l'entends parler de quelqu'un qui n'est pas moi, ce n'est pas possible, en tout cas je ne me sens pas concernée. Il raconte qu'il a été détenu, maltraité, qu'il nous reconnaît sans le moindre doute, Israël qui l'a frappé et moi qui l'ai gardé. Il est sûr d'avoir reconnu ma voix, pas le moindre doute. Apparemment, je lui aurais apporté un sandwich, aussi, une seule fois. Tout cela se passait dans une maison – celle qu'il avait décrite dans son interrogatoire du 26 décembre 2005. Ce jour-là, il avait reconnu la maison de la sœur d'Israël, Lupita, et de son compagnon d'alors, Alejandro Mejilla. Il l'avait décrite dans tous ses détails, avant même le jour de la reconstitution lorsque les policiers l'ont amené dans cette rue de Xochimilco, un faubourg de Mexico, à une trentaine de kilomètres du ranch d'Israel.

Tout cela ne tient pas : le lieu de détention qu'il décrit ne serait donc pas le ranch mais la maison de Lupita. Jorge Ochoa prend des notes, prépare ses questions, et je sens Israël s'énerver et s'agiter à côté de moi. Ezequiel parle beaucoup et le tribunal est aux petits soins, bien sûr. « Le témoin veut-il un verre d'eau ? », « Le témoin veut-il s'asseoir ? » Il est considéré comme une victime et cela m'agace parce qu'il devient évident qu'il ment. Mais son témoignage se fait de plus en plus confus : il ajoute beaucoup de détails à ses déclarations qui ont déjà pas mal évolué depuis la première fois. Il me reconnaît à ma façon de rouler les « r », à mes cheveux blonds qui dépassaient d'un bonnet que je portais pour masquer mon visage, il dit que j'étais dans la deuxième maison, puis dans la première, on ne sait plus très bien, et même le tribunal s'agace à ce moment-là.

Alors, on donne la parole à Me Jorge Ochoa. Il veut clarifier tout cela, dit-il, et poser des questions simples et précises. Ezequiel a les mâchoires serrées.

— Le témoin peut-il nous dire à quel moment il a entendu la voix de ma cliente pour la première fois ?

— C'était dans la voiture, quand ils venaient de m'enlever. Elle m'a pris mon téléphone mobile.

C'est inouï : c'est la première fois qu'il évoque cette voiture. Pour lui, c'était toujours dans une maison, celle de Lupita ou le ranch, et Me Ochoa le lui fait remarquer puis lui repose la même question.

— Où était-ce ? Le témoin peut-il décrire l'ambiance qu'il y avait autour de lui ?

— Je me suis trompé, c'était dans la deuxième maison. Dans une pièce éclairée, toute illuminée. Oui, elle était complètement blanche. J'ai clairement entendu cette voix de femme qui roule les « r ».

En deux minutes, il vient de donner trois versions différentes et personne ne bronche. Je me dis que c'est bon signe, d'autant que je vois mon avocat s'acharner.

— Le témoin peut-il nous dire dans quelle maison, dans quelle ambiance ma cliente lui a donné un sandwich ?

— C'était dans la première maison.

Il explique que, dans cette maison, il a démonté une fenêtre, une sorte de bricolage à la MacGyver dont il n'avait jamais parlé et auquel on ne comprend rien : il aurait enlevé les vis, et réussi à voir l'extérieur.

— Le témoin peut-il nous dire comment il a enlevé les vis, et ce qu'il a vu à l'extérieur ?

Alors Ezequiel parle des couteaux qu'on lui donnait pour manger, toujours les mêmes avec des manches verts. Il décrit le cabinet de toilette dans lequel il se trouvait, et raconte que, par la fenêtre, il a vu une rue éclairée. C'est tout à fait la description qu'il a déjà faite de la maison de Lupita – le cabinet de toilette et même les couverts à manches verts que les autres otages ont décrits aussi. Et surtout, il n'y a pas de rue autour du ranch. Alors Me Ochoa le lui fait remarquer et Ezequiel se tend.

— Je ne sais plus. Je ne sais plus…

De plus en plus souvent, il invoque des trous de mémoire ; il devient cynique et s'énerve parce que Me Ochoa lui repose encore les mêmes questions.

— Le témoin peut-il dire combien de fois il a entendu la voix de ma cliente ?

— Deux fois, je l'ai déjà dit !

Non, deux minutes plus tôt, il a dit que c'était plusieurs fois, même de nombreuses fois. Il se contredit sans arrêt. Tout cela est bon pour moi. Il n'avait déjà pas beaucoup d'assurance en arrivant, mais cette fois les questions l'ont complètement déstabilisé. Quand Me Ochoa en vient aux mèches de cheveux qu'il aurait vu dépasser d'un bonnet, et lui demande de combien ils dépassaient, Ezequiel se montre cassant :

— J'ai vu des cheveux blonds, mais je n'avais pas un mètre pour les mesurer !

Ensuite, il reste silencieux quand l'avocat lui demande s'il peut situer où et quand il aurait vu cela. Il s'agace :

— Je ne sais plus...

Le plus fort, à la fin de la journée, c'est qu'il montre son doigt.

— Depuis ma libération, ma main reste anesthésiée parce qu'elle m'a fait une piqûre. Elle voulait me couper un doigt pour l'envoyer à ma famille.

Je m'y attendais car il l'avait déjà racontée, à la police, celle-là. Il remet ça ici, avec beaucoup de conviction, et brandit son doigt :

— Regardez, j'ai encore la trace !

À ce moment précis, toute ma confiance en Me Jorge Ochoa est revenue. C'est comme s'il n'attendait que cela pour bondir.

— Je demande que le tribunal fasse venir un médecin. Il faut absolument examiner cette trace !

Personne ne s'attendait à ça. Certainement pas Ezequiel, en tout cas. Le tribunal ne fait pas de difficulté. On annonce qu'on va chercher un médecin légiste et qu'il faut l'attendre. Et ça dure. Deux heures, trois heures, je me sens bouillir intérieurement, mais je ne le montre pas, au contraire d'Israël, devenu franchement agressif. Il ne supporte plus ce menteur et ne tient plus en place. Quand le médecin arrive, tout le monde se serre autour d'Ezequiel.

C'est long, on ne comprend pas ce qui se dit, on n'entend pas les conclusions de l'expert, et personne ne vient nous en rendre compte. Ce n'est pas prévu dans la procédure, on nous traite vraiment comme des délinquants présumés coupables, c'est la règle ici. C'est Me Ochoa qui viendra me dire, à la fin de l'audience, que le médecin est formel : cette marque que brandit Ezequiel, c'est une tache de naissance et rien d'autre. Cela n'a rien à voir avec une piqûre et le tribunal l'a bien noté. C'est idiot à dire, mais il faut que j'attende l'avis de mon avocat pour m'en réjouir. Après cette journée folle, je ne sais plus que penser. Et puis, je ne suis plus en état, non plus. Je suis incapable de raisonner correctement et de me faire ma propre opinion. J'ai besoin qu'il me dise si c'est bon ou pas pour moi.

C'est pourtant évident. Ezequiel se contredit sans cesse, et la seule preuve matérielle qu'il voulait donner vient de voler en éclats grâce à l'intervention d'un médecin expert. Le tribunal ne peut tout de même pas considérer que ce type, qui ment ouvertement, est un témoin crédible.

Je me repasse le film de cette folle journée en rentrant à Santa Martha. Je pense à Lupita que j'ai rencontrée plusieurs fois, pendant mes quelques mois avec Israël, ainsi qu'à Alejandro ; d'ailleurs, je suis même allée chez eux, à Xochimilco. C'est une maison derrière un haut mur, donnant sur une rue de quartier populaire, avec une grande porte qui ouvre sur la cour. C'est là qu'on garait les voitures et les voisins faisaient de même, c'est tout ce dont je me souviens. Mais c'est tout de même bizarre, parce que la dame qui me questionnait, le tout premier jour de mon arrestation, dans la camionnette noire, me parlait bien d'une maison à Xochimilco.

Je m'en souviens : à cette époque, elle disait encore qu'ils n'avaient rien contre moi, que je n'étais qu'un simple témoin, que j'allais bientôt partir pour aller travailler.

Finalement, je suis empêtrée dans un procès auquel je ne comprends pas tout, avec des audiences complètes où je ne dis pas un mot, où tout ce qui est évoqué ne me concerne même pas. Des tas de gens se succèdent dans cette pièce, mais je n'ai pas encore vu la juge une seule fois : des secrétaires mènent l'audience ; les avocats, qui se tiennent là, tout près de la grille derrière laquelle nous sommes retenus. Il y a un peu de public, parfois, souvent la famille d'Israël, et surtout Lupita, dont je commence à me méfier. Je ne sais plus que penser d'Israël, non plus. Je me revois encore à ses côtés, au matin de notre arrestation bidon. Les policiers de l'AFI nous avaient ordonné de garder la tête baissée, mais cela avait été plus fort que moi : à cet instant, je l'avais regardé, interloquée, stupéfaite, et je sais que ce regard noir, une couverture bleue serrée contre moi, appuyée à la camionnette de la police, a été immortalisé par la fameuse photo qui a fait le tour de tous les magazines. Je me souviens également d'une fois où Me Ochoa m'avait parlé de lui, à l'*arraigo*. Il m'avait dit : « Il est aussi innocent que vous. » Et lui-même qui m'a juré son innocence, la première fois au tribunal. En pleurant, alors que je ne l'avais jamais vu pleurer ! Je vois tous ces témoins qui mentent et je ne sais plus que penser. S'ils mentent pour moi, ils peuvent parfaitement mentir pour lui, c'est évident.

Parfois, pendant les temps morts de l'audience, Israël me demande comment je vais, quelles sont mes conditions de détention. Je retrouve par instants le gars gentil que j'ai connu quelques mois plus tôt. Alors, je lui raconte la violence, les menaces, le comportement agressif des filles. Lui me répond qu'il comprend, qu'il est innocent comme moi et que nous allons nous en sortir. Oui, mais je sais aussi qu'une autre jeune femme, qu'il est accusé d'avoir kidnappée à une époque où j'étais en France, l'a reconnu formellement. C'est même pour cela que Me Ochoa, capable de dire n'importe quoi et son contraire, m'a dit une autre fois : « Il y est jusqu'au cou ! ». Je n'en peux plus de ces contradictions. Tout le monde, jusqu'à mon avocat, censé être la personne en qui je dois avoir confiance, me paraît suspect. Je suis complètement perdue depuis le début de cette histoire et les derniers événements ne m'aident pas à y voir plus clair. Bien au contraire.

C'est pour cela qu'un jour je décide de ne plus parler à Israël. De prendre du recul et de le regarder autrement. Et petit à petit, je découvre des choses qui étaient sous mon nez et que je ne voyais pas. Peut-être que cette attitude lui vient progressivement, aussi. En tout cas, un autre Israël se dessine peu à peu, une personne qui n'est plus celle avec laquelle j'ai vécu, avec qui j'ai fait tant de balades dans la campagne de Mexico. Ici, dans l'enfer de cette prison, il est de plus en plus à l'aise, entouré de gars qui sont devenus ses potes. Il faut voir comme il les salue, et des poignées de main qui n'en finissent plus, et je te tape le poing, et je te claque le dos de la main ; je ne l'avais jamais vu se comporter comme cela, avant. Il fait désormais partie d'une bande. Alors, pourquoi pas avant ? Je crois qu'à ce moment-là je me suis mise à le détester, à le haïr tellement je le voyais serein dans cet endroit qui m'effrayait tant, avec ces types qui me menaçaient, dont la simple présence m'emplissait de panique. Il a pris ses marques, ici. Il n'a que quelques escaliers à descendre, quand j'ai tout ce parcours à affronter, dans le fourgon cellulaire où les filles se battent comme des chiennes, et à la fin des audiences je vois ses frères, ses sœurs ou ses parents venir le retrouver et lui donner rendez-vous quelques minutes plus tard : « On te retrouve en salle des visites. » Tandis que moi, je n'ai quasiment jamais de visites et les gens que j'ai rencontrés plusieurs fois m'accordent à peine un regard, parfois un sourire triste.

Israël ne semble pas s'apercevoir de ma colère. Il continue de venir vers moi, parfois il me propose des paquets de cigarettes et je m'entends lui répondre d'aller se faire foutre. Tant pis, il revient la fois d'après, il me parle encore et je tourne la tête, dans cette petite cellule où on doit cohabiter. Chaque fois que je le vois, je m'interroge sur sa véritable personnalité. Il a changé de style vestimentaire et adopte désormais le jargon de tous ces voyous. Qui est-il vraiment ? L'ai-je un jour véritablement connu ? Je culpabilise d'avoir été naïve, d'avoir eu cette liaison que me reproche mon avocat, et qu'on me reprochera encore et encore. Comment aurais-je pu savoir ? Je suis plus bête qu'une autre ?

Toutes les nuits je retourne ces questions dans ma tête. Je n'ai pas trente-six manières de m'en sortir par rapport à lui. S'il m'a vraiment caché des activités aussi terribles que ces enlèvements, s'il avait vraiment une double vie, avec des complices, des rançons, je n'ai rien vu, rien suspecté. Je me dis que ce n'est pas pire que toutes ces femmes trompées qui n'en savent jamais rien, ou que ces histoires terribles d'inceste dans des familles qui ne l'apprennent parfois que dix ou vingt ans plus tard. N'est-ce pas aussi grave, ça ? Dois-je vraiment traîner ma croix de gourde inégalable ? Je vis avec tout ça au creux de mon ventre et je ne cesse de pleurer du matin au soir.

Au pénitencier, une fille que je ne connais pas semble s'intéresser à moi. Je ne sais pas pour quelle raison d'ailleurs, mais elle me donne quelques coups de main. Un peu de linge de toilette, quelques sous-vêtements neufs, parfois ; il semble qu'elle peut se procurer à peu près ce qu'elle veut, comme c'était le cas à l'*arraigo* pour ceux qui avaient de l'argent. Les caïds, en somme. C'est pourtant le dernier endroit où on s'attend à être aidé, ici. Tout est sale, sombre, menaçant, je dois me méfier de tout le monde, de toute cette violence et des règles que les gardiens appliquent sournoisement. Depuis que j'ai été transférée, je n'ai pas encore vu le ciel. Cela n'a l'air de rien mais ça me rend dingue. Pas une seule minute à l'extérieur, c'est une torture ! J'en deviens hystérique. Il n'y a pas de fenêtres à ma cellule et celles des couloirs sont trop hautes pour moi. Le fourgon vient nous chercher dans un hangar, et c'est pareil à la prison pour hommes : on nous « décharge » dans une sorte de garage qui donne sur tous ces couloirs infâmes. Rien de pur, pas d'air, pas de soleil. Jamais. Parfois, je colle un œil à des petits trous dans le béton des murs pour apercevoir la couleur du soleil. De désespoir, j'ai fini par appeler le secrétariat des droits humains à Mexico. C'est une détenue qui me l'a conseillé : elle l'avait déjà fait. J'ai tout fait pour leur expliquer ma situation, je les ai harcelés par téléphone, et au bout de plusieurs semaines on m'a accordé royalement une heure de promenade dehors !

Ce fut d'abord la nuit, de minuit à une heure. Et plus tard, enfin, de trois à quatre, les après-midi où je n'ai pas d'audience. Mais la saison des pluies arrive. Il tombe des trombes d'eau et les gardiennes se font un malin plaisir de me faire payer mes plaintes :

— C'est toi qui l'as voulu, alors tu y vas ! Tu as demandé à marcher, alors tu marches !

On me traite vraiment comme une moins que rien.

Le moindre petit changement devient agréable. L'autre jour, par exemple, j'ai eu le droit de descendre la poubelle, c'était la première fois. Le conteneur se trouve juste au bord de la cour, et comme il n'y avait personne je me suis accordé un moment de tranquillité. Alors je me suis assise. J'étais comme scotchée au soleil, c'était un tel bonheur, j'étais bloquée là et je n'ai pas vu le temps passer, j'y suis restée presque une heure. Quand je suis remontée, je suis tombée sur une des pires gardiennes. Une femme au physique d'homme dont on m'a dit à plusieurs reprises de me méfier. Avec ses cheveux courts, ses traits durs et ses manières masculines, elle me fichait une telle trouille ! Surtout ce jour-là. Pour me punir de mon errance, elle m'a hurlé dessus :

— Regarde bien ce couloir, tout ce couloir qui passe devant les cellules : tu vas me le nettoyer entièrement avec ta langue !

J'ai regardé le couloir et j'ai cru tomber dans les pommes. J'ai vraiment cru que j'allais le faire ! J'en ai pleuré pendant le reste de la journée. J'ai passé les heures suivantes roulée en boule sur ma paillasse de fer à trembler à l'idée qu'elle viendrait me chercher. J'ai attendu la relève des gardiens, pour qu'elle s'en aille, avec en tête cette idée qu'elle allait m'obliger à lécher ce couloir sale et interminable. Que suis-je devenue ? Je n'ai plus de caractère, je suis anéantie, réduite à l'état d'esclave, incapable de m'opposer à tout ce qui m'arrive. Je me sens si fragile et brisée.

Heureusement, il y a enfin une lueur : les autorités pénitentiaires autorisent mes parents à me rendre visite ! C'est un grand bonheur. Le jour de leur venue, j'essaie de donner le change, pour que le choc ne soit pas trop rude, mais ils me connaissent par cœur et l'endroit est suffisamment sinistre pour qu'ils comprennent mon enfer. Le pénitencier de Santa Martha parle de lui-même, il suffit de s'en approcher et, pire, d'y entrer. La joie de nous voir, de pouvoir nous serrer les uns contre les autres se mêle à la peur et à l'angoisse, aussi bien la mienne que celle de mes parents, qui ne savent pas plus que moi pourquoi je suis là ni ce que je vais devenir. Je sais juste qu'à aucun moment ils ne me poseront de questions sur ce que j'ai fait ou pas. À aucun moment ils ne douteront de mon innocence. Leur amour est inconditionnel. Avec eux, pendant quelques instants, c'est comme un retour à la vie…

Le soleil accompagne nos retrouvailles et nous avons le droit de nous installer dans la cour. Devant moi, il y a ce cahier, qu'une détenue m'a offert en arrivant et que, depuis, je traîne partout. Je prends des notes, un peu n'importe quoi des fois, mais ce sont des choses qui comptent, auxquelles je me raccroche. Mon père le prend et se met à dessiner ce qu'il voit, la cour et les murs, tout ce paysage sinistre qu'il restitue à coups de crayon sans y penser, simplement pour tromper son angoisse, peut-être. Je garde le croquis, c'est celui de mon père. On s'attache à tout, dans ma situation. Mais manque de chance, le lendemain matin, à cinq heures, lorsqu'on vient me réveiller pour partir au tribunal, c'est un jour de fouilles. Cela arrive parfois. Un peu n'importe quand, au hasard. Les gardiens retournent ma cellule, m'inspectent sous toutes les coutures et je dois serrer les dents pendant qu'on cherche sur moi, jusque dans mon soutien-gorge. Ils fouillent mon sac aussi et ouvrent mon cahier. Le dessin ! Un dessin de la prison, c'est forcément que j'envisage une tentative d'évasion, selon eux. Je suis convoquée dans le bureau de la directrice. Je me suis aperçue que je m'y rends souvent pour des motifs que je ne comprends pas toujours. Elle me touche toujours les épaules, les bras. C'est une femme d'allure masculine, les cheveux courts, jamais maquillée, toujours en pantalon serré. Quand je suis arrivée devant elle, pour l'histoire du dessin, elle m'a dit qu'elle pouvait arranger ça. La voix sourde, elle s'est approchée et je n'en menais pas large.

— Ne t'inquiète pas. Je peux faire quelque chose pour toi...

Je n'ai rien dit, rien fait. Je n'osais pas bouger, j'étais tétanisée et nous sommes restées comme cela un long moment. Je ne savais pas ce qu'elle allait faire, ce qu'elle allait dire. Je pensais juste à la gardienne en chef, celle qu'on appelle « la commandante », qui m'avait dit que j'irais au trou pour ce dessin. Au trou ! C'était terrifiant. Des filles avec lesquelles j'avais parlé, dans les couloirs, m'avaient dit que « la commandante » était la plus dure, la plus crainte, mais aussi la compagne de la directrice. On m'avait dit qu'elle prenait très mal mes convocations à répétition. Il courait les bruits les plus sordides à propos de ces deux femmes, j'en avais une peur bleue. Devant le conseil de discipline, je n'ai pas osé me défendre et je n'ai rien dit. Je suis donc allée au trou.

Je ne pensais pas pouvoir tomber plus bas, je me trompais. Ce qu'on appelle le trou, c'est une rangée de cellules encore plus spartiates, plus nues, plus étroites que les autres. À l'intérieur, on peut à peine tourner autour de la paillasse en béton, avec juste un trou à côté, pour les toilettes, et un lavabo. De la cour, on voit cette tour et nous savons toutes que c'est là, le trou, et que les filles qui y sont vivent des moments terribles. Et voilà qu'à présent c'est à mon tour. Mais où tout cela va donc s'arrêter ? Non seulement je suis dans ce pénitencier, mais au trou, maintenant, le fond de l'enfer ! Je pleure de plus belle, entre la panique et le désespoir.

Quand j'arrive, avec juste un petit sac dans les bras, on me pousse dans une cellule, la première de la rangée. Pendant qu'on fouille mon sac, j'ai la peur au ventre et je sais que je ne dois pas le montrer. Une fille au regard un peu fou s'avance vers moi. Elle me tend la main :

— Moi, c'est Kitty.

— Moi, c'est Florence.

Je la regarde droit dans les yeux. Elle doit bien le voir que j'ai envie de pleurer et de m'effondrer, mais tant pis.

Un instant, elle m'a semblé inquiétante :

— On va te souhaiter la bienvenue, tu sais...

J'ai senti mes jambes se dérober et à ce moment la gardienne m'a tendu mon sac et je suis entrée dans cette minuscule cellule. Je n'avais pas baissé les yeux, pas lâché son regard. Elle m'a regardée poser mon sac et après un instant sa voix s'est faite moins menaçante. En tout cas, c'est ainsi que je l'ai sentie :

— Ne t'en fais pas, tu vas être bien, je m'en occupe. La première qui t'embête ici, tu me le dis et je la tue, c'est aussi simple que ça.

Pourquoi me dit-elle ça ? Je ne lui ai rien demandé. C'est encore plus inquiétant, finalement, après tout ce que j'ai déjà vu ici. Je me dis que c'est encore une lesbienne et que le lendemain elle va peut-être me violer...

Je reste un mois et demi au trou. Mais c'est une période où je vais presque tous les jours à l'audience, donc ça ne change pas grand-chose. Le soir, je rentre tard, exténuée, et je m'effondre de sommeil. Le matin, je me lève à cinq heures et demie pour repartir par le fourgon cellulaire. Le pire, en fait, c'est l'obscurité. Il n'y a pas de fenêtre, pas la moindre ouverture, et ce n'est que rarement éclairé par une faible ampoule.

Ce n'était déjà pas formidable dans mon ancienne cellule, mais là c'est pire. Je deviens incapable de savoir si c'est le jour ou la nuit. Même ma mère a remarqué que ces conditions étaient sordides. Lors de sa dernière visite, elle a réussi à regarder ma cellule en se rendant aux toilettes. Lorsqu'elle est revenue s'asseoir dans la salle des visites, j'ai bien vu que cette découverte l'avait bouleversée.

Le procès continue, les audiences se succèdent. Totalement creuses, parfois, ou très animées à d'autres moments, mais jamais accablantes pour moi, dont on ne parle pas si souvent, au fond. C'est surtout Israël qui est sur le gril – et encore, il ne semble pas que les preuves s'accumulent contre lui. Dans la salle, on n'a toujours pas vu la juge chargée de rendre la sentence. On me dit que c'est ainsi : les juges sont débordés, ils ont beaucoup de dossiers en même temps, et ils sont tenus au courant par les secrétaires qui siègent à leur place et leur font une synthèse. Au bout du compte, c'est sur des faits rapportés qu'ils jugent. Tout cela ne me rassure qu'à moitié, mais je n'ai pas le choix, et c'est comme pour tout le reste : je ne peux rien y faire. Parfois, on m'amène au tribunal chaque jour pendant deux semaines d'affilée, et puis on me laisse tranquille pendant les trois semaines qui suivent. Je crois que c'est l'emploi du temps des juges qui décide ainsi que les vacances des uns et des autres. Il y a aussi toutes ces audiences reportées ou annulées parce que les témoins ne se déplacent pas. Ils sont d'ailleurs nombreux dans ce cas. On dit qu'ils ont peur, qu'ils subissent des pressions, et parfois ils préfèrent tout simplement disparaître que témoigner devant un tribunal. C'est souvent le cas dans notre procès et j'ai l'impression que cela n'atteint pas mon avocat. Mes rapports sont à nouveau tendus avec Me Jorge Ochoa. Il n'est pas toujours là, semble prendre les choses à la légère, et j'ai l'impression qu'il se moque bien de démontrer mon innocence. C'est pourtant ce à quoi je tiens par-dessus tout. C'est pour voir prouver mon innocence que je parviens à endurer tout cela, je voudrais qu'au moins mon avocat donne l'impression d'y croire aussi. Au lieu de cela, il me parle de ses honoraires, me dit qu'il a plus important à faire et laisse passer lors des audiences des choses qui me font bondir.

Au fur et à mesure, je m'aperçois qu'il peut exister une forme de solidarité au pénitencier. Comme cette femme tout à fait surprenante qui s'est rapprochée de moi dès le début. J'ai tellement besoin d'un peu de sécurité. Ce n'est pas une vie d'être dans l'angoisse permanente. La peur qui me colle au ventre vingt-quatre heures sur vingt-quatre me rend malade. Alors, même si je vois bien qu'il y a autour de cette femme-là comme un parfum mafieux, une sorte d'obéissance des autres détenues qui laisse penser qu'elle a l'envergure d'un chef de gang, je réponds à ses questions, je prends ce qu'elle me donne. J'ai déjà reçu du savon, du shampooing, des serviettes, un peu de linge qu'elle a obtenu en un clin d'œil. Toujours la force de l'argent, ici encore plus qu'ailleurs, peut-être. Une fois, nous étions toutes les deux dans un couloir, elle a planté son regard dans le mien, j'en ai eu des frissons tellement elle m'impressionnait. D'une voix ferme, elle m'a demandé si j'avais quelque chose à voir avec tout cela, et sans baisser les yeux je lui ai dit « Non ». Fermement. Elle a fini par m'expliquer que c'est Israël qui lui a parlé de moi, à l'*arraigo*. Leurs cellules étaient au même étage, au-dessus du mien. Je ne l'ai jamais croisée, mais elle savait que j'étais là, puisqu'on parle de moi tous les jours à la télévision. Surtout après mon coup d'éclat dans l'émission de Denise Maerker. Ce coup-là m'a fait autant de mal auprès du gouvernement et de Genaro Garcia Luna qu'il m'a rendue populaire parmi les détenus. Aussi, quand Israël lui a dit que je n'étais pour rien dans tout cela, qu'il lui a demandé de m'aider, elle a eu envie de me connaître. Elle est arrivée deux jours après moi à Santa Martha. Elle a immédiatement fait savoir que j'étais sous sa protection. Je sais maintenant que c'est grâce à son intervention qu'il ne m'est rien arrivé de pire.

Tout s'écoule au rythme de mon procès et de mon quotidien au pénitencier. Et puis on vient m'annoncer que je change de prison. Je ne sais pas ce que je dois en penser. Depuis longtemps, on m'a dit que je ne pouvais rien connaître de pire que Santa Martha, mais j'ai aussi appris à me méfier. Depuis le 8 décembre – cela fait maintenant près de six mois –, tout est allé de mal en pis. Je ne sais toujours pas si je toucherai un jour le fond de cet enfer. Mais ce changement est peut-être une bonne chose, parce qu'on me dit que c'est en lien avec mon mal de dos. Depuis mon séjour au trou, j'ai des douleurs terribles. Le médecin de la prison pour femmes de Tepepan m'a fait quelques radios, et surtout une recommandation pour des soins et un suivi régulier. Je n'étais allée là-bas qu'en consultation, je ne pensais pas y revenir un jour. Pourtant, c'est bien là qu'on me transfère, parce que cette prison est médicalisée et que l'Administration, dans sa grande bonté, a fini par prendre mon état en considération.

C'est une petite prison à taille humaine. Rien à voir avec Santa Martha et ses milliers de détenues. Ici, il n'y a que cent vingt femmes ; le régime est moins strict, les locaux moins sordides. Dans mon souvenir, l'endroit était beaucoup plus agréable que tous ceux que j'avais connus ces derniers mois. Mais à mon arrivée sur place, nouvelle désillusion. On me jette dans une zone d'attente où je dois rester le temps de passer quelques tests. La direction de cette prison veut savoir à qui elle a affaire. Ce n'est pas un régime de faveur, c'est la même chose pour tout le monde. Une infection, cette zone d'attente ! C'est presque aussi sordide qu'au trou de Santa Martha. Ma descente n'en finit pas. C'est idiot, mais j'en suis presque à regretter le pénitencier. C'est fou comme on peut prendre des habitudes, ou au moins des repères, même dans les situations les plus désespérées, et s'y attacher, en éprouver une certaine sécurité. Ici, je me sens de nouveau perdue. Je suis dépassée, incapable de me faire ma propre idée de ma situation.

C'est le début du mois de juin. On vient me chercher pour me monter dans ma cellule après cinq jours dans la zone d'attente. On me dit calmement, sans agressivité, que je vais rejoindre le dortoir numéro 1 et que c'est le plus calme. Ce sont les entretiens avec le psychologue qui ont déterminé mon affectation. Pour la première fois depuis six mois, j'ai l'impression d'être considérée comme un être humain, tout bêtement respectée. Je ne sais pas ce que cela cache, mais je n'ai pas envie d'y penser. Je me laisse entraîner et c'est une énorme surprise quand j'arrive dans ce dortoir. D'abord, il n'est pas collectif : c'est un ensemble de cellules fermées, le long d'un couloir lui-même terminé par une grille. En tout cas, je vois arriver vers moi une dizaine de filles souriantes. Et avec elles, comme une apparition, ma protectrice de Santa Martha en personne ! Ici aussi, elle semble avoir une autorité sur les autres : c'est sans doute naturel chez elle, et sa réputation doit y être pour beaucoup. Je ne sais toujours pas exactement pourquoi elle est en prison, ni ce qu'elle fait de sa vie quand elle est dehors, mais elle semble être connue de tout le monde. Et elle n'est pas dans le besoin. On a même l'impression que rien ne lui est impossible. Dès que je franchis la grille, les filles m'entourent. Des filles avec le sourire, gentilles, accueillantes, qui m'aident à porter mes sacs et me montrent la cellule numéro 12, qui va devenir la mienne. On se croirait dans une maison. Les murs sont peints, les sols sont propres et les filles ont décoré leurs cellules. Pas grand-chose, juste quelques cadres, des dessins, mais cela change tout. Je me retrouve dans un endroit civilisé, débarrassé de cette violence continue qui me harcelait à Santa Martha. On me sert un Coca, des filles se présentent et je remarque tout de suite le sourire gentil de Soraya, une Colombienne un peu plus âgée que moi. Une femme dynamique, avec de longs cheveux bruns, un joli visage bruni. Je ne sais pas pourquoi elle est là, mais c'est le genre de fille qu'on aimerait rencontrer dehors, avec qui on a envie de se poser un moment pour discuter parce qu'elle est avenante. J'avais presque oublié à quel point j'aime ça. Parler, me faire des amies, juste pour un moment parfois, mais j'ai toujours fonctionné comme ça, dans mes rapports avec les autres.

Ce mercredi soir est une bénédiction. Je n'avais même pas osé espérer cela. On dirait une nouvelle vie. Une des filles m'a préparé de l'eau chaude pour que je puisse me laver. Après, on me sert un café. Chaud. Dans une vraie tasse. C'est inouï comme on apprécie des choses dérisoires, parfois. Et j'ai des draps dans mon lit, et un pyjama.

C'est une période où je vais moins souvent au tribunal. J'ai l'impression de me reposer. Ce n'est pas qu'une impression, d'ailleurs. Pour la première fois, je dors. Énormément. Les jours sans audience, je ne fais même que cela, au début. Très vite, une blague court dans le dortoir numéro 1 : « Florence dort, et cela lui donne faim. Alors, elle mange et cela la fait dormir... » C'est fou comme ça fait du bien de rire ! Petit à petit, je reprends confiance en moi. Et les filles, autour de moi, m'ont toutes dit qu'elles sont convaincues de mon innocence. En fait, je m'aperçois que mon histoire est très connue dans la prison. Les gens de la direction, les gardiens, les détenues, tout le monde me connaît ; et lorsque je dis que je n'ai rien à voir avec cette histoire, que je n'ai jamais enlevé personne et que je n'avais pas la moindre idée qu'Israël pouvait en être capable, on me croit. Souvent, on parle de mon dossier, ensemble. Les jours où je rentre du tribunal, il y a toujours une fille ou deux qui me demandent comment ça s'est passé, ce que j'ai appris ou qui j'ai vu. Elles s'intéressent à l'avancement de mon affaire. Pour la première fois, je suis entourée de personnes qui me donnent confiance. Elles me disent toutes que je ne serai pas condamnée. Pourtant, depuis l'élection de Felipe Calderón à la présidence de la République, Genaro Garcia Luna, l'ancien directeur de l'AFI, l'homme que j'ai contredit en direct dans l'émission de Denise Maerker, est devenu ministre de la Sécurité publique. Un peu l'équivalent du ministre de l'Intérieur en France. Ici, il a la réputation d'être très puissant, et celles qui sont emprisonnées pour leurs liens avec les cartels n'hésitent pas à dire qu'il est mouillé jusqu'au cou. Je n'en sais rien. Je sais seulement que je suis innocente et que cet homme m'en veut.

Un autre qui n'a pas bonne réputation, c'est mon avocat. Au fil des jours, quand je raconte mon histoire, quand je répète ce que j'ai entendu au tribunal, mes nouvelles copines sont convaincues d'une chose : il faut que j'en change. Elles n'ont pas de mal à me convaincre, mais je ne sais pas comment faire. Je n'oserai jamais lui dire en face que je ne veux plus de lui, je n'ai jamais fait une chose pareille. J'en parle à mon père, mais il n'est pas d'accord. Pas en plein procès ! Heureusement, ma mère est mon alliée dans cette affaire. C'est grâce à elle que je vais oser. Un jour, lors d'une suspension, elle vient me parler d'un avocat qu'elle a rencontré, Me Horacio Garcia, qui trouve l'attitude d'Ochoa très surprenante. Il nous apprend que c'est un ancien flic, que tout le monde le sait, et qu'il est resté en relation avec ses anciens collègues et les magistrats qui ne sont pas toujours en accord avec la défense de ses clients. Ma mère pense qu'Horacio est différent. Il lui a fait l'effet d'un homme plus responsable, plus indépendant, certainement moins porté sur les arrangements et les mensonges. Mais elle ne sait pas comment faire pour changer, Ochoa semble tenir à me défendre encore. Pour lui, c'est un beau dossier, notre affaire est régulièrement médiatisée et il soigne sa réputation. Mais je n'ai que faire de sa réputation et de ce qu'il peut bien penser. Je suis là à subir des traitements indignes, humiliants, à longueur de temps, et il n'a jamais levé le petit doigt pour intervenir de la moindre manière. Il semble considérer tout cela comme normal, que je peux bien subir les pires choses et que ce n'est pas son affaire. Alors, quand il s'approche, sans doute pour savoir de quoi me parle ma mère, j'explose :

— Je ne vous supporte plus ! Vous ne mettez aucune conviction à me défendre, tout ce qui vous intéresse, c'est d'être payé en temps et en heure. Vous ne m'avez jamais aidée et je ne veux plus de vous. Si je continue avec vous, je ne sortirai jamais d'ici, je l'ai bien compris. Allez vous faire foutre avec votre *amparo* final !

Ce n'est pourtant pas dans ma nature de m'emporter ainsi. Je n'avais jamais osé faire une chose pareille, jamais osé parler à quiconque de cette manière. Je vois ma mère face à moi qui est stupéfaite, peut-être un peu gênée. Sa fille est plutôt timide, et habituellement c'est elle qui est capable de franchise face aux gens.

Ochoa comprend que je suis hors de moi. C'est toute ma souffrance qui sort, cet indescriptible sentiment d'une profonde injustice que je voudrais qu'il combatte et face à laquelle il ne fait rien. Il sent que je suis déterminée, alors il veut désamorcer ma colère.

— OK, OK... Garde-moi et je te sors à la sentence, sans attendre l'*amparo* final. J'ai mon idée...

Cette réponse redouble ma fureur. C'est parce que je le menace qu'il se met à avoir des idées, à avoir l'ambition de me sortir de là ! Avec tout l'argent que mes parents lui ont donné ! Je lui balance tout, je suis déchaînée. Je lui dis que mes parents se sont sacrifiés pour pouvoir le payer. Ma mère venait de prendre sa retraite, mon père prenait du recul par rapport à son entreprise de textile, ils avaient bien mérité de profiter de la vie, après avoir tant travaillé. Au lieu de cela, toutes leurs économies sont passées dans les honoraires de Me Ochoa, et mon père a même été obligé de vendre son entreprise. Ils n'ont plus rien, je le crie à la face de cet avocat, et aussi que je ne veux plus de lui. Comme il insiste, cela dure un bon moment, mais c'est la première fois que je vais au bout de ma colère, sans avoir peur de l'affrontement. Tant pis pour lui, c'est tombé sur Jorge Ochoa.

Ces derniers mois m'ont certainement endurcie. En tout cas, en plein procès, me voilà avec un nouvel avocat qui me promet d'étudier mon dossier à fond. J'ai envie de le croire et son aspect sérieux m'y engage. Dans son costume étroit, il ressemble plus à un fonctionnaire des finances qu'à un tribun des prétoires, mais il nous fait bonne impression. La manière humble et décidée dont il s'empare de mon dossier nous donne confiance.

7

L'hiver est dur. Ce procès est long et je ne sais vraiment pas ce que je dois en conclure. C'est un choc de passer la fin du mois de décembre sans rien faire, juste à penser dans ma cellule que je viens de perdre un an de ma vie ici. Je me moque des fêtes de fin d'année. Tout ce qui m'importe, c'est de savoir quand je sortirai d'ici, quand je pourrai rentrer chez moi, et qui pourra bien prouver mon innocence. Le 8 décembre, un an tout juste après mon arrestation, je suis au fond du désespoir. J'ai l'impression que personne ne comprend l'ignominie de l'accusation qui pèse sur moi, que je suis juste un dossier, et que tout le monde trouve normal ce procès qui traîne et ces témoignages qui ne veulent plus rien dire. Je crois que j'entre pour la première fois dans une phase de dépression profonde. C'est encore autre chose que la peur qui me tenaillait à Santa Martha : un abattement total, le sentiment que je ne peux rien faire contre cette machine qui me broie.

La peur ne m'a pas quittée, d'ailleurs. Le pire, c'est lors des fouilles de cellules, quand les gardiens arrivent sans prévenir et qu'il faut tout ouvrir, tout sortir. Je n'ai rien à cacher, pourtant, mais ces moments où la menace plane sur les détenues me terrorisent. Je pleure même quand ce n'est pas moi qu'on fouille. J'ai vu des filles emmenées sans ménagement, hurlant, pleurant, parce qu'elles allaient au trou, à cause d'un téléphone mobile trouvé dans leurs affaires, ou pour avoir caché de la drogue. La terreur qu'on entend dans leurs cris est contagieuse, et elle atteint même mon nouveau compagnon, un chat. Je l'ai trouvé un jour dans la cour, il s'est approché, s'est attaché, et je l'ai gardé puisque cela semblait ne déranger personne. Il a pris ses habitudes dans ma cellule, c'est une présence à la fois sans importance et tellement indispensable. Il est si imprégné de ma vie en cellule que les jours de fouille, il a aussi peur que moi. Dès que les gardiens approchent, je le vois se hérisser, petite boule de poils affolée, puis il disparaît sous mes affaires, on n'arrive pas à le retrouver. Il réapparaît un bon moment après, quand il a surmonté sa peur. À peu près en même temps que moi.

La direction sait être très ferme. On ne rigole pas avec la discipline. Avec l'habillement, par exemple. Ici, pour les détenues, le bleu est de rigueur, et rien d'autre. Un jean, un pantalon bleu, et pour le haut, du bleu marine, et on ne discute pas – j'ai dû renvoyer des vêtements, au début. Du coup, pour les personnes qui viennent en visite, le bleu est interdit. Comme le noir, qui est réservé aux gardiens, et le blanc, aux médecins. Mes parents continuent de m'envoyer un peu d'argent régulièrement, et je peux m'acheter quelques vêtements, comme des pulls pour passer l'hiver, parce qu'il fait très froid ici, en cette saison. À la prison de Tepepan comme partout à Mexico, il n'y a pas le chauffage. Les Mexicains n'ont pas l'habitude du froid. Les températures chutent en novembre, décembre et janvier, mais pas tant que chez nous. Alors, pour deux ou trois mois où les températures restent tout de même raisonnables, ce n'est pas la peine d'installer le chauffage. Sauf qu'ici, dans ces grandes structures mal isolées où le vent s'engouffre, l'hiver est glacial. Il m'arrive de rester des journées complètes roulée en boule sous mes couvertures.

Au tribunal, un jour de printemps, j'ai la surprise de voir Jacques-Yves Tapon. Cela me fait du bien : c'est une figure amie, il est du nord de la France, comme moi, et le premier journaliste à être venu me voir. C'était à l'*arraigo*, quasiment ma première visite. En vacances au Mexique, il avait entendu parler de mon histoire, alors il avait pris contact avec mon avocat. Voilà comment je l'ai rencontré, comment je lui ai expliqué ce qui m'arrivait et comment, rapidement, il est devenu un de mes plus fidèles soutiens. Après notre première rencontre, il avait fait un reportage sur Radio France, pour qui il travaillait, à Boulogne-sur-Mer. Il a également rencontré mes parents, mes amis. Cette visite de Jacques-Yves à l'*arraigo*, c'est une de mes deux plus fortes émotions, avec l'e-mail de Denise Maerker demandant que je la rappelle. Son retour symbolise un vrai lien avec la France, avec ma région. Lui aussi s'étonne de la manière dont se déroule le procès. Je ne rêve donc pas, tout cela est bien bancal, complètement farfelu. Avant qu'il ne reparte, nous décidons de rester en contact. Puisque nous avons accès à trois téléphones muraux, dans la prison, je lui téléphonerai souvent. J'aime bien l'entendre, le tenir au courant. À part mes parents, que j'appelle tous les matins, il sera longtemps le seul à qui je parlerai régulièrement.

En revanche, je ne parle plus du tout à Israël. Nous ne sommes décidément plus sur la même planète, et même sa sœur, Lupita, est maintenant agressive avec moi. Il y a quelques jours, un secrétaire qui se tenait contre la grille, au tribunal, m'a demandé si c'était ma sœur, cette femme au fond de la salle. Non, c'était Lupita.

— Dis donc, elle te ressemble…

Cette phrase m'a fait un drôle d'effet parce que plusieurs témoins, maintenant, parlaient d'une femme parmi les ravisseurs. Et ils décrivaient des cheveux blond-roux, une peau blanche, une taille moyenne. C'est une description qui correspond autant à Lupita qu'à moi. Ce jour-là, elle a surpris cette conversation avec le secrétaire de la juge. À la fin de l'audience, elle s'est approchée et m'a regardée froidement :

— Tu trouves qu'on se ressemble ? Je crois que tu as raison. Mais il y a tout de même une différence : c'est que, moi, je suis libre. Toi, tu es là, c'est comme ça, et personne ne sait dans combien de temps tu sortiras…

Son ton m'a glacée. Elle ne m'avait jamais parlé de cette manière ; ni elle ni personne de la famille d'Israël, qui ne me regarde même plus. J'ai le sentiment d'avoir été trompée, de m'être laissé abuser, mais c'est décidément inconcevable que ces gens sans histoire, cette famille de garagistes tranquilles puissent être une bande de ravisseurs.

L'audition des policiers de l'AFI arrive enfin. Elle va bien avoir lieu, parce que le tribunal et aussi mon avocat ont beaucoup insisté. Une fois, deux fois, dix fois, je suis arrivée au tribunal pour les entendre, mais finalement l'audience était reportée : ces messieurs ne s'étaient pas déplacés. Sans explications. Chaque fois, les avocats insistaient, réitérant leur désir de les entendre et de leur poser des questions. Chaque fois, un secrétaire de la juge annonçait que des convocations allaient partir à nouveau, et on fixait une autre date. J'ai bien cru qu'on ne les verrait jamais à ce procès, mais ce matin ils sont bien là et l'audience peut avoir lieu. L'ambiance est plus tendue qu'avec les autres témoins. L'Agence fédérale d'investigation est une police spéciale, longtemps placée sous l'autorité de Genaro Garcia Luna. C'est une police d'élite, officiellement chargée de lutter contre les cartels et l'industrie du crime, mais elle a une réputation sulfureuse. Certains de ses cadres sont suspectés de liens avec les cartels et d'autres auraient des méthodes brutales, voire criminelles, pendant leurs investigations. Garcia Luna lui-même est régulièrement accroché dans les journaux. On lui reproche d'être lié à certains chefs de gangs, dans le nord du pays. Je ne sais pas ce qu'il faut penser de tout cela, je ne m'y suis jamais vraiment intéressée, mais je sais lire les journaux, tout de même. Quelques jours avant notre arrestation, une vidéo avait fait scandale ici. On y voyait des policiers de l'AFI dans leurs combinaisons noires et cagoulés. Devant eux, il y avait cinq hommes aux mains liées, à genoux, qu'ils interrogeaient et qui avaient manifestement été battus, peut-être torturés. On comprenait que c'étaient des membres d'un cartel, certainement des narcotrafiquants, et la vidéo se terminait sur l'image terrifiante d'un policier approchant une arme de la tempe d'un des hommes pour l'abattre froidement, apparemment sans émotion. Dans la presse et dans l'opinion, cela a été un choc terrible, et les images en direct de ce qui était présenté comme notre arrestation, quelques jours plus tard, sont tombées à pic. Elles montraient que la police de Garcia Luna travaillait, qu'elle avait des résultas et l'opinion a pu retrouver confiance en elle. Et quelques mois plus tard, quand Felipe Calderón a été élu président des États-Unis du Mexique, Garcia Luna est devenu ministre. Cela paraissait presque naturel.

Alors, quand le premier de ces types arrive à la barre, il règne une forme de méfiance, qui se mélange au respect qu'on porte d'emblée à ceux qui vivent dangereusement. Leur réputation et la violence dans laquelle ils évoluent au quotidien font qu'on ne leur parle pas comme à tout le monde. On ne les presse pas de questions comme d'autres, on n'insiste pas autant. Ils sont donc tranquilles pour dire ce qu'ils veulent, en fin de compte. C'est bizarre, mais aucun d'eux ne se souvient de quoi que ce soit. Ils ne se souviennent pas de la date de notre arrestation, ni comment elle s'est passée en détail. Ils ne se souviennent pas de nous non plus. À mes côtés, je sens Israël fulminer, je le vois s'avancer contre la grille pour bien montrer aux policiers qu'il est là, qu'il les regarde, une sorte de défi qu'il leur lance des yeux, à défaut de pouvoir les interpeller puisqu'il n'en a pas le droit. Les témoignages se succèdent et se ressemblent rigoureusement, Israël est de plus en plus excédé et provocateur. L'incident devient inévitable. C'est quand il reconnaît à la barre celui qui l'a frappé, qui l'a torturé pendant toute la nuit du 8 au 9 décembre, qu'Israël sort de ses gonds. Il n'en a pas le droit, mais c'est plus fort que lui ; alors l'autre répond, l'insulte et c'est une véritable scène de haine qui se déroule sous nos yeux, sans que personne n'y puisse rien. C'est d'une violence inouïe, c'est moche et j'ai terriblement peur des représailles. Je ne sais pas ce qui peut se passer après ça, mais c'est plus fort que moi : j'ai peur qu'on me fasse payer aussi.

Je comprends pourquoi Israël est dans cet état : je l'ai vu, au ranch, le matin du 9. Il tenait à peine debout, il vomissait et délirait par moments, tellement ils l'avaient tabassé. Ce n'est pas une invention : un médecin légiste rendra un rapport, un peu plus tard, en certifiant que certaines de ses blessures, datées pour lui de ce jour-là, sont compatibles avec l'utilisation de matériel électrique. C'est donc établi : Israël a été torturé. C'est donc encore plus insupportable, pour lui, de les voir défiler ici, d'entendre leurs mensonges arrogants contre lesquels le tribunal ne le fait rien. Il est évident qu'ils ont été briefés, qu'ils doivent tous dire la même chose, c'est-à-dire le moins possible, mais personne au tribunal ne leur fait remarquer. C'est sans doute la peur, je ne vois pas d'autre explication.

Pour moi, ce n'est pas tout à fait la même chose que pour Israël. Horacio Garcia me dit que si aucun de ces policiers ne se souvient de moi, c'est très bon. Je les regarde défiler, alors je crois bien qu'il y a des SOS dans mes yeux, mais je ne sais pas s'ils le voient, et encore moins s'ils en tiendraient compte. Simplement, comme chaque fois, j'espère qu'il y aura un peu de compassion. Je suis naïve. Pourtant, l'un après l'autre, ils assurent tous au tribunal qu'ils ne se souviennent pas de moi. Sans y réfléchir, je note au fur et à mesure, comme si je tenais une liste : non, non, non... Je me dis que c'est gagné, et Horacio semble très content. Et même quand arrive Luis Cardenas Palomino, en fin de journée. Celui-là, on le présente comme le bras droit de Garcia Luna. Son homme à tout faire, l'exécuteur des basses œuvres. Il a déjà fait de la prison, mais je ne sais pas exactement pourquoi. C'est un type assez jeune, le regard noir et intense, très brun et élancé. À sa manière de parler, d'enrober ses banalités dans une sorte de fausse politesse, on le sent capable d'une rare violence. Lui non plus ne me reconnaît pas. Il affirme qu'il ne se souvient pas de moi, et pourtant il reconnaît qu'il était là, le matin du montage pour la télévision, au ranch. Il aurait d'ailleurs du mal à prétendre le contraire, parce qu'on le voit sur les images. Au moment où le journaliste annonce en direct que les policiers vont entrer dans la cabane, au fond du ranch, qu'il y a sans doute des ravisseurs et trois victimes avec eux – je me suis d'ailleurs toujours demandé comment il pouvait le savoir avant même d'entrer –, on voit nettement que les policiers n'ont pas besoin de défoncer la porte : quelqu'un leur ouvre. Et cet homme-là, qu'on distingue un court instant, mais très nettement, c'est Luis Cardenas Palomino. Que faisait-il à l'intérieur de la cabane si c'était une intervention en direct de l'AFI en mission ? Personne ne se l'est jamais demandé. Surtout, personne ne le lui a jamais demandé. Et il repart comme les autres, dans une sorte de mépris, sans qu'on lui en demande plus, sans qu'il ait apporté le moindre élément qui pourrait trahir ce qu'ils ont fait cette nuit-là, quand ils ont séquestré deux personnes, qu'ils en ont torturé une, et qu'ils sont allés en chercher trois autres pour les présenter comme les victimes d'une bande de ravisseurs. Où sont-ils allés les chercher, ces trois-là, dont une enfant de onze ans ? Par qui avaient-ils été enlevés et qui protège-t-on dans cette affaire ? Je n'ai toujours pas le début d'une réponse.

Mais tout de même, à mesure que le procès avance, Horacio me reconfirme sa confiance. C'est vrai que rien de solide ne peut être retenu contre moi. Les témoignages des personnes présentées comme mes victimes n'ont pas paru très crédibles : elles se sont ouvertement contredites et d'ailleurs, selon mon avocat, le droit mexicain dit qu'en cas de témoignages contradictoires, force doit rester à la première version, considérée comme la plus spontanée. Dans leur première version, ni Cristina ni son fils ne parlent de moi. Au contraire : ils affirment ne jamais m'avoir vue ni entendue. Alors, je tente de faire comme Horacio Garcia : j'essaie d'avoir confiance.

Et le procès continue.

En ce moment il y a beaucoup de changements, à la prison de Tepepan. Des filles avec lesquelles je m'entendais bien sont remises en liberté ou transférées. Notamment celle qui m'avait tellement protégée, conseillée, qui avait été là dans les moments où je lâchais prise. Elle s'en va et je me rends alors compte que je suis seule ici. Je ne me l'étais encore jamais dit de cette manière, justement parce qu'elle était là, avec son autorité presque maternelle, résolument protectrice sans que je sache exactement pourquoi. Mais c'était ainsi : j'avais à peine le temps d'éternuer qu'elle me tendait un mouchoir !

Ma deuxième période de dépression commence. En tout cas, je perds à peu près dix kilos en quelques mois, alors que je n'étais déjà pas bien grosse. Je vois les os de mes bras ressortir, je n'ai plus la force d'entreprendre quoi que ce soit. En France, l'élection présidentielle est remportée par Nicolas Sarkozy, mais cela ne me fait ni chaud ni froid. Je suis si loin de tout cela. Si seule. Si désemparée.

Je pourrais m'occuper pourtant, parce que le rythme des audiences se ralentit progressivement. Il y a encore ce jour où viennent les journalistes, dont on aurait pu attendre autre chose. Mais ils ont peur, aux aussi. Pablo Reinah, journaliste vedette de Televisa qui a commenté les images en direct le matin du 9 décembre, n'est pas là. Au contraire de son cameraman, mais celui-ci ne dit rien. Il ne se souvient plus, se retranche derrière le secret de ses sources. Ils pourraient être des témoins clés, pourtant, et même si je comprends qu'ils aient peur, je désespère encore un peu plus. Des victimes qui mentent, des témoins qui mentent, comment peut-on s'en sortir ?

Je suis le plus souvent seule dans ma cellule, et maintenant j'ai le dossier que m'a copié mon avocat. C'était une idée de mes codétenues, elles voulaient qu'on l'épluche ensemble. Mais elles sont parties et, toute seule, je n'arrive pas à m'y mettre. Parfois, je sors une de ces grosses chemises que j'ouvre sur mon lit, je commence à étaler les feuilles, à les lire, mais le plus souvent je me mets à pleurer, tout cela me décourage. C'est difficile de lire toutes ces choses dont la plupart sont inventées dans l'unique but de me maintenir ici, en prison. Mais qui est derrière tout ça ? C'est la question que je me pose le jour où vient témoigner Edouardo Margolis. « Cinquante et un ans, chef d'entreprise », se présente-t-il. Il a l'air infiniment respectable, mais lui aussi traîne un parfum sulfureux de crime et de corruption. Lui aussi impose un respect craintif, et même plus encore que les policiers l'autre jour. Je sais qu'il a mille raisons d'en vouloir à mon frère parce que les choses se sont vraiment mal terminées, entre eux. Et s'il avait cherché à se venger à travers moi ? Je sais que cette idée est venue à mes parents. On n'ose pas trop en parler, pourtant, parce que c'est un homme très puissant et qu'il fait peur.

Margolis possède diverses entreprises et il a créé récemment une société de blindage de voiture ainsi qu'une sorte d'officine très particulière, spécialisée dans la résolution d'enlèvements. On le disait déjà très proche de la police avant cela, mais cette fois il travaille ouvertement avec elle.

Cela expliquerait sa présence dans les locaux de la *Siedo* le 9 décembre. Margolis y était justement la veille, au moment de notre arrestation, le registre d'entrées le prouve. Il y était alors que j'étais retenue dans cette camionnette toute la nuit, devant le bâtiment. Je sais bien que c'était là, puisque je l'ai vu brièvement, par cet espère de périscope dans le toit de la camionnette. J'ai vu l'immense monument de la Révolution avec la locomotive à ses pieds. Les locaux de la *Siedo* sont sur cette place et c'est bien là que nous avons été conduits, après le simulacre du ranch, le matin du 9. Pourquoi Margolis y était-il ? En tout cas, il a très bien pu entendre parler de notre arrestation et du fait que j'étais avec Israël, alors que ce n'était manifestement pas prévu. C'est une hypothèse qui colle : elle expliquerait pourquoi les policiers m'ont traitée correctement au début, en m'assurant qu'ils me relâcheraient bientôt, que je n'étais que témoin, et pourquoi à la fin de la nuit j'étais devenue coupable. Car, si Margolis a entendu dire que j'étais aux côtés d'Israël, s'il a entendu mon nom, il a pu, comme on le dit, demander qu'on m'implique dans tout cela. Par vengeance. Cela expliquerait le changement de ton des policiers à la fin de la nuit. Les premières insultes, puis les coups, leur détermination à m'accabler et à me faire accuser devant les caméras. Et surtout ces mots glaçants que je n'ai jamais oubliés et que je ne comprenais pas, sur le coup, quand nous étions interrogés dans les bureaux de la *Siedo* : « Tu n'as plus aucune chance. Il va t'enculer, Margolis ! ».

Je frissonne en repensant à tout cela, alors qu'il est là, tranquillement assis sur une chaise du tribunal et qu'un secrétaire de la juge le questionne poliment, sans essayer d'en savoir plus que ce qu'il veut bien dire. Il a le ton et l'allure détachés de ceux qui n'ont rien à craindre, l'air vaguement méprisant de l'homme qui a l'impression de perdre son temps. Je ne sais pas s'il savoure une vengeance ou si je suis parfaitement insignifiante pour lui, mais il n'a pas un regard pour moi. Pas moyen de croiser ses yeux, d'y lire quoi que ce soit ou de lui faire connaître mes angoisses. D'ailleurs, il s'en moquerait bien, lui aussi.

Avant que le procès se termine, Me Horacio Garcia demande au tribunal que soit citée Lupita. Ce serait logique, après tout : c'est sa maison qui est reconnue par Cristina Rios Valladares et son fils Cristian Hilario. Il faudrait aussi faire entendre Alejandro Mejilla, avec qui elle vivait à l'époque à Xochimilco. Je ne demande que ça, moi. Surtout depuis qu'elle est venue me voir, avec cet air vaguement inquiétant. Mais la requête est rejetée d'un revers de manche. Lupita, qui avait cessé de venir pendant quelque temps, peut-être parce qu'elle sentait le danger, peut venir à nouveau à l'audience. Personne ne l'embêtera plus jamais.

Vraiment, je n'ai pas beaucoup d'illusions, alors que la fin de l'année 2007 approche. Cela va bientôt faire deux ans, maintenant, et j'ai toujours le sentiment d'être au fond d'une nasse dont personne ne peut me sortir. Horacio Garcia est mon seul espoir, il se démène pour essayer de me faire partager son optimiste. Je sens bien que, pour lui, le procès est bientôt terminé. Souvent, dans ses commentaires, je l'entends décompter le nombre de témoins qui l'intéressent encore et il y en a de moins en moins. L'avocat d'Israël, en revanche, fait de plus en plus de demandes pour des témoins supplémentaires. Et elles lui sont toujours accordées. Horacio estime que son confrère veut faire durer les débats et que ce n'est pas notre intérêt. Un jour, il me fait part de son intention de demander la disjonction de nos deux dossiers. C'est possible, ici, et même en plein procès. Il estime que ce sera moins dangereux pour moi, puisque Israël est poursuivi pour neuf enlèvements, et même pour la mort d'un de ses otages, un certain Ignacio Figuera Torres dont je n'ai jamais entendu parler. C'est un homme dont le frère aurait payé la rançon et qui aurait tout de même été exécuté. Pour Horacio, les débats ne sont pas favorables à Israël, et décidément, pense-t-il, il vaut mieux s'en éloigner. Après tout, c'est lui l'homme de loi ; je ne connais rien aux procédures, surtout au Mexique, et j'ai toujours confiance en lui. Il est moins hâbleur que Jorge Ochoa, je me sens plus proche de lui. Je vois qu'il fait les choses sérieusement, même si j'ai parfois envie d'un peu plus d'agressivité, si je le trouve patient face à tous ces mensonges. Il me dit qu'il ne sert à rien d'indisposer le tribunal, qu'il vaut mieux faire profil bas et que tout ira bien, au bout du compte.

C'est la même chose avec la presse, d'ailleurs. Je sais bien que plusieurs journalistes aimeraient me parler et que c'est tout à fait possible par téléphone. D'ailleurs, c'est autorisé, ce n'est pas comme en France. Ici, on considère qu'un détenu est privé de sa liberté d'aller et venir, pas de sa liberté d'expression. Je pourrais donc parfaitement appeler des journalistes, mais mon avocat me l'interdit :

— Moins on parlera de vous, plus vous aurez de chances de repartir chez vous. L'opinion ne s'en apercevra même pas, elle vous oubliera et ils n'auront plus aucune raison de vous garder.

En attendant, il va décider que le procès est terminé. Cela se passe comme ça. Quand l'avocat estime que les débats sont allés suffisamment loin, qu'on a entendu tous les témoins qu'il souhaitait présenter pour sa défense, il peut demander la clôture de l'audience, si le tribunal est d'accord. Le procès en lui-même est terminé et il faut alors attendre le jugement, *la sentencia*.

Cette décision m'angoisse, en même temps j'ai hâte d'en finir. Il y avait bien un dernier témoin que j'étais curieuse de voir, mais ça ne sera pas possible. C'est encore un de ces témoins de dernière minute, presque providentiel, un maraîcher qui vendait ses fruits et légumes sur un marché, près de chez Cristina Rios Valladares. Peu après mon intervention téléphonique dans l'émission de Denise Maerker, quand Cristina est revenue sur son témoignage pour changer de version et me reconnaître finalement, ce maraîcher est venu spontanément dire à la police qu'il venait de me reconnaître, lui aussi. Justement à ce moment-là, alors que j'étais passée à la télévision et dans les journaux tous les jours pendant des semaines ! Pour lui, j'étais cette jeune femme qui semblait suivre Cristina à distance, de manière suspecte, quand elle faisait ses courses au marché. Je lui avais même adressé la parole et il avait noté mon accent français. C'est pas une aubaine, ça ? Le problème, c'est que dans les dates qu'il donnait, certaines correspondaient au moment où j'étais en France. Alors, j'aurais vraiment aimé le voir à la barre, celui-là. Mais il ne viendra jamais, le secrétaire du tribunal a dit qu'il était mort quelques jours plus tôt. Il a été victime d'un accident.

— C'est bon, dit Horacio, on peut fermer le dossier. On va à la sentence, tu vas sortir libre. J'en suis sûr à quatre-vingt-quinze pourcent.

C'est bête mais je n'arrive pas à me mettre dans la tête qu'il a raison. Ou peut-être que je pense un peu trop aux cinq pourcent qui restent. On vient de passer le deuxième anniversaire de mon arrestation, il fait de nouveau très froid et je n'irai plus au tribunal. Désormais, je dois attendre ici en rêvant qu'un jour la divine nouvelle m'arrivera – je ne sais comment, d'ailleurs. Je réussis à savoir que ce sera un vendredi, c'est déjà ça. Alors, je m'imagine un vendredi, ce sera la nuit – forcément, puisque ce sera la liberté et que les détenus sont remis en liberté la nuit – et je me vois dans un avion, rentrant en France…

Les semaines passent comme ça. Un jour, mon frère vient me rendre visite et me raconte que quelqu'un, à l'ambassade, lui a conseillé de prendre un billet d'avion, parce que la sentence est pour bientôt et que tout laisse croire que je serai relaxée. Il y a toujours des gens qui en savent plus que d'autres, dans ces cas-là. Et toujours, on a envie de les croire, parce que c'est exactement ce qu'on a envie d'entendre. Et puis, venant de l'ambassade, tout de même…

Quelques jours plus tard, le 25 avril, on vient me chercher dans ma cellule. « Visite juridique. » Cela signifie que je dois descendre, que quelqu'un veut me parler, de la prison ou d'ailleurs. Je descends dans la pièce où se tiennent les réunions de la direction, par exemple les conseils de discipline, et je trouve un type plutôt indifférent avec des papiers à la main.

— Je dois vous communiquer votre sentence.

Un large sourire me vient, sans même que je le décide. Mon cœur bat à tout rompre et je le regarde, ce type, plus que je ne l'écoute, comme si je savais ce qu'il allait dire et que maintenant qu'il était là, le plus dur était fait. Je suis comme sur un nuage, je n'arrive pas à y croire vraiment. Mais j'entends des phrases qui ne vont pas avec cette excitation que j'ai tant de mal à contrôler et je dois faire un effort pour revenir à lui, à ce qu'il lit, et me faire violence pour admettre ce que j'ai entendu. Il a bien dit : « Vous avez été reconnue pleinement responsable d'arrestation et séquestration sur plusieurs personnes. »

Et maintenant, le voilà qui énumère :

— Ezequiel Elizalde : vingt ans. Cristina Rios Valladares : vingt ans. Cristian Hilario : vingt ans...

Je suis pétrifiée. Tout se bouscule dans ma tête et je n'en suis même plus à la déception, par rapport à ce que j'avais osé espérer après le message de mon frère. Tout simplement, je n'assimile pas ce qui m'arrive. Même dans mes pires moments de désespoir, quand j'imaginais une condamnation, ce n'est pas du tout à cela que je pensais. Ce type est là, en face de moi, dans cette salle d'où on entend les cris des autres détenues qui s'interpellent ou s'invectivent dans les couloirs, et cette vie qui continue sans moi m'échappe complètement. Je ne touche plus terre, en fait. J'ai très peur, c'est sûr, mais je ne peux pas pleurer puisque je ne comprends pas. Je pose la question la plus bête qui soit :

— Mais cela fait combien, en tout ?

Alors il compte, presque négligemment :

— Vingt, quarante, soixante, quatre-vingts... Quatre-vingt-seize.

Je ne l'ai même pas vu partir. Je suis toute seule, maintenant, dans cette pièce claire qui me paraît soudain immense, irréelle, et je ne réalise toujours pas. Tout est bloqué. Mes larmes, mes espoirs, ma simple faculté de comprendre ou de me rendre compte, ma vie aussi. Tout. Je sors de la pièce, je suis le couloir, automatiquement, et au téléphone mural, à quelques mètres, je mets ma carte pour appeler Horacio.

— C'est Florence, je viens d'être sentenciée.

— Ah ! Alors ?

— Quatre-vingt-seize ans.

Il ne me croit pas. Je sens bien que ce n'est pas du cinéma, qu'il ne me croit vraiment pas, mais cela ne m'amuse pas. Et encore moins quand il lâche, sans doute machinalement, parce qu'il est lui aussi abasourdi, que c'est une blague, que ce n'est pas possible.

— Vous croyez que je m'amuserais à blaguer avec ça ?

Cette fois, il a compris :

— Je viens demain matin à la première heure.

J'ai déjà raccroché et je continue mon chemin. Je suis une autre, à cet instant. Ce n'est pas moi, ce n'est pas possible. Ce détachement, cette lenteur dans mes pas, dans mes gestes, alors que mon cœur bat à cent à l'heure, que mon front est trempé, ça ne colle pas du tout. C'est mon corps mais ce n'est pas moi qui monte, qui entre dans ma cellule et qui commence à ouvrir mes sacs. Oui, j'étais allée jusque-là, presque sans m'en apercevoir : petit à petit, j'avais fait mes valises, enlevé les cadres aux murs de la cellule, rangé les vêtements que je ne porte pas souvent, mes papiers, mon dossier que je ne voulais plus ouvrir. Et maintenant, par gestes lents, machinalement, je me vois sortir tout cela des sacs et tout remettre en place. Les cadres, les vêtements, les papiers. On dirait que mon corps a compris plus vite que mon esprit ce qui vient d'arriver et qui ne parvient toujours pas à emplir ma tête. Je suis toujours bloquée. Ça doit être ça, un état de choc. Et ça dure : le soir je me couche sans avoir dit un mot, sans avoir rien analysé, sans avoir versé une larme.

Et toute la nuit, je reste les yeux ouverts, incapable de dormir ou de pleurer. Incapable de penser à autre chose qu'à ce chiffre qui ne signifie vraiment rien, pour moi : quatre-vingt-seize ans de prison.

Le matin, j'ai envie de parler. De hurler, même. J'ai envie qu'on m'écoute enfin, qu'on s'occupe de moi, et c'est comme si deux ans et demi de frustration me donnaient d'un seul coup le besoin d'exploser. Deux ans et demi que mes deux avocats me disent que je dois me taire, surtout ne pas faire de bruit autour de mon cas pour ne pas indisposer le tribunal. Le voilà, le résultat ! Ce matin, ce n'est toujours pas le chagrin qui me vient, mais la révolte. J'ai besoin de pousser un cri. Je vais au téléphone et j'appelle Jacques-Yves Tapon. Je lui dis :

— Ma sentence, c'est quatre-vingt-seize ans.

Tout d'un bloc, sans le prévenir. Il a dû avoir un choc, lui aussi. Il lui faut quelques instants. Moi, j'ai déjà commencé à parler, à me lancer dans une sorte d'appel au secours, et soudain, comme s'il venait de réaliser :

— Attends, j'enregistre.

Rien n'est préparé, évidemment, mais c'est un véritable coup de gueule que je pousse là. Il me pose une seule question :

— Qu'attendez-vous, maintenant ?

J'en ai assez, je suis tellement remontée. Ce que je veux ? Qu'on s'occupe enfin de moi. Que quelqu'un ouvre mon dossier, qu'on s'intéresse à tout ce qu'il y a dedans et que quelqu'un, enfin, sorte toutes ces invraisemblances, tous ces mensonges, et tout ce qui prouve mon innocence. Je veux que Nicolas Sarkozy s'en mêle aussi. Je ne sais pas pourquoi, je n'avais jamais pensé à lui jusque-là, mais cela me vient tout seul. J'ai l'impression maintenant qu'il va falloir qu'on m'aide, et que cela vienne de très haut, si je veux avoir une chance de m'en sortir. Nicolas Sarkozy ! Et pourquoi pas ? Je suis innocente. Un pays comme la France laisse-t-il une innocente en prison, toute sa vie, sans lever le petit doigt ?

C'est tout ce que je n'avais jamais osé dire, et même pas penser, depuis que je suis en prison, parce qu'on m'a toujours ordonné de me taire. Je n'imagine pas un seul instant que Nicolas Sarkozy finira par entendre mon message, mais tout sort comme ça et Jacques-Yves me laisse parler. C'est sans doute à ce moment-là, tout en lui parlant, que je réalise enfin. Quatre-vingt-seize ans ! Et ce n'est pas le chagrin ni l'abattement qui m'envahissent, mais la rage. C'est tellement énorme. Tellement injuste. Quatre-vingt-seize ans ! C'est plus qu'une vie. Et moi, j'ai déjà trente-trois ans.

Ce jour-là, c'est un samedi. Je ne sais même plus si j'ai appelé mes parents la veille. Je ne me souviens de rien. Mais quand j'ai ma mère au téléphone, tout de suite après Jacques-Yves, elle a déjà pris des dispositions. Elle a prévenu Thierry Lazaro, le député du Nord. Ils s'étaient rencontrés quelques mois plus tôt et il avait proposé de les aider, si c'était possible, alors ils n'ont pas hésité. Et lui n'a pas traîné : ma mère m'annonce qu'ils seront reçus à l'Élysée, par Nicolas Sarkozy lui-même, dans un peu plus d'une semaine. Je sens qu'ils sont là, mes parents, toujours derrière moi, qu'ils vont se battre aussi, comme moi, et non plus se taire, rester discrets, comme on nous l'a tant recommandé. Je ne suis pas abattue, non. Je suis révoltée. Et un peu perdue, aussi. Je ne sais plus du tout par quel bout il faut prendre toute cette affaire, à qui il faut se fier, ni comment je vais m'en sortir. Machinalement, je note un numéro de téléphone que me dicte ma mère. Je dois rappeler dans deux heures, je le ferai. Mais je n'ai même pas pensé à demander à qui est ce numéro.

8

Au premier coup de fil, c'est d'abord sa voix qui m'accroche. Une voix rauque, presque dure, qui traîne un peu mais qui sait ce qu'elle veut. C'est bête mais cela me rassure, je me sens en confiance.

— Maître Frank Berton à l'appareil.

Le moins qu'on puisse dire, c'est qu'il n'en fait pas des tonnes. Il se présente en quelques mots, mais il veut surtout m'écouter. Il va au-devant de mes attentes : il va venir me voir.

Ce sont mes parents qui l'ont contacté. Ils n'ont de cesse de raconter mon histoire, afin que le plus grand nombre soit au courant. C'est ainsi qu'un jour, lors d'une cérémonie de mariage dans la famille, ils ont rencontré un homme qui à la suite de leur récit a immédiatement réagi : « Mon fils est député. Je crois qu'il peut vous aider. »

Voilà comment j'ai fait la connaissance de Thierry Lazaro, député du Nord et maire de Phalempin, près de Lille. Voilà comment j'ai entendu parler de Frank Berton pour la première fois. Thierry Lazaro avait été séduit par sa force de conviction et son travail dans l'affaire d'Outreau. Je ne sais pas très bien ce que c'est, cette affaire, je suis si loin... Mais on me dit que certains avocats y ont joué un rôle immense et que le mien en fait partie : il a fait acquitter deux innocents. C'est un avocat de renom et il a fait forte impression aussi devant la commission parlementaire dont Thierry Lazaro était membre. Voilà pourquoi il a parlé de lui à mes parents. Jacques-Yves Tapon aussi leur a parlé de lui. Tout le monde semble d'accord, j'ai l'impression de mettre tous mes espoirs entre ses mains. Je lui dis que j'ai besoin d'un bulldozer, de quelqu'un qui fasse enfin bouger les choses en France, qui fasse enfin savoir à mon pays que je suis prisonnière ici, que je suis victime d'une injustice, et surtout que je suis innocente. Qu'il frappe à toutes les portes s'il veut, mais qu'on s'occupe enfin de moi ! Le silence, c'est fini, j'ai vu le résultat. Maintenant, j'ai soif de faire savoir à tout le monde qu'on joue avec moi, avec ma vie, et qu'on me vole plusieurs de mes plus belles années. J'ai perdu deux ans et demi, je ne veux plus croupir ici dans le silence à écouter des gens me dire que je dois être sage, faire confiance à la justice et me taire. Maître Berton me laisse expliquer tout cela, et quand j'ai fini j'entends sa grosse voix :

— Il n'est pas dans mes habitudes de rester discret.

C'est une voix ferme, décidée. Elle me rassure. C'est exactement ce qu'il me faut. Il est carré, direct. En fait c'est lui qui me réveille après le choc de la sentence, qui me remet les pieds sur terre. Il me dit :

— Voilà deux heures que je suis avec vos parents. Nous avons fait le tour de votre situation et je suis d'accord pour assurer votre défense, mais c'est vous qui décidez.

Cette détermination me remue. À partir de ce moment, je me dis qu'il est fort et qu'il va me falloir être à la hauteur, aussi forte.

Les jours suivants, au téléphone, je sens que mes parents ont repris espoir. Avec Sébastien, ils ont participé à une conférence de presse autour de mon nouvel avocat où les principaux médias français étaient présents. La presse écrite, les radios, les télévisions. J'ai l'impression que la France découvre qui je suis et ce qui m'arrive. Thierry Lazaro et Frank Berton iront avec mes parents et Sébastien à l'Élysée. Et c'est bien Nicolas Sarkozy lui-même, avec ses plus proches conseillers, qui les reçoit ! Deux ans à guetter un mouvement, la réaction de mon pays, la communication de mon histoire, et tout se déclenche en si peu de temps. Enfin l'espoir que j'attendais est arrivé.

Après cette entrevue, mon père me dit que le président a été formidable ; il leur a accordé plus d'une heure !

— Il a réagi en père de famille.

Mon père est touché. Le président de la République sait qui je suis maintenant, il va pouvoir m'aider et me sortir de là, c'est certain. Nous sommes le mercredi 7 mai, il n'y a même pas deux semaines que ma condamnation m'a été notifiée.

— Attention, il ne nous a pas fait de promesses précises, mais il nous a assuré qu'il veillerait à ce que tu aies un procès en appel équitable et rapide, dit ma mère.

Elle veut garder son calme, mais je sens bien qu'elle a retrouvé confiance, elle aussi :

— Maintenant, ton dossier sera suivi de près.

À la sortie de cet entretien, ils donnent une nouvelle conférence de presse, cette fois dans la cour de l'Élysée. Il y a encore beaucoup de journalistes, encore plus de presse nationale que la première fois, et aussi la chaîne de télévision mexicaine Televisa. Devant les caméras, Frank Berton et Thierry

Lazaro insistent sur le message de Nicolas Sarkozy : il est extrêmement déterminé, mais il rappelle que le Mexique est un pays démocratique, sa justice y est indépendante. Il ne faut surtout pas froisser les autorités mexicaines, ont dit les conseillers du président. Du fond de ma cellule, j'ai le droit d'en penser ce que je veux ; mais, après tout, si c'est ainsi qu'ils comptent me ramener chez moi...

J'apprends tout ça à mon réveil. C'est déjà l'après-midi, en France. J'attends le soir et j'appelle Frank Berton chez lui. Il m'a donné son numéro personnel. Je sens qu'il est fatigué mais content :

— Le président avait lu en détail la note que je lui avais envoyée la veille. Il a tout de suite relevé le problème du montage de votre arrestation. Il a évoqué tous les problèmes de procédure et toutes les invraisemblances de l'accusation avec son conseiller pour les affaires judiciaires le plus proche.

Je l'écoute raconter cette incroyable entrevue à l'Élysée, et mon cœur bondit parce que j'entends ce qui compte le plus pour moi. Au beau milieu de l'entretien, Nicolas Sarkozy s'est tourné vers ma mère et, la regardant droit dans les yeux, lui a dit : « Je sais que votre fille est innocente. »

Bien sûr, il a précisé aussi que les relations diplomatiques entre les deux pays seraient un intérêt supérieur à mon cas personnel, mais son soutien semble total. Maître Berton me dit qu'en quelques jours mon dossier a pris une véritable ampleur, qu'il va soulever l'opinion publique, un peu comme pour Ingrid Bétancourt, toujours prisonnière dans la jungle colombienne et pour laquelle Nicolas Sarkozy s'investit beaucoup.

— Le président va nous aider, Florence. Pas à démontrer votre innocence, ça, c'est mon travail.

Mais il veillera à ce que les choses se passent de manière équitable, ce qui n'a pas toujours été le cas jusqu'ici.

Et puis, avant de les laisser s'en aller, il leur a fait une promesse qui me transporte : « Je vais écrire personnellement à Felipe Calderón. »

Tout cela n'échappe pas à la presse mexicaine. De nouveau, quelques articles parlent de moi, dans les journaux. On dirait qu'ils sont plus neutres qu'au début, moins catégoriques. En revanche, je n'ai toujours pas de nouvelles de l'ambassade, mais c'est une habitude. Maître Berton m'a d'ailleurs dit que le président Sarkozy n'était pas content d'apprendre mon histoire de cette manière. Ses conseillers ont avoué qu'ils n'avaient reçu qu'un minimum de notes, au travers desquelles il était difficile de comprendre ce qui m'arrivait, et qu'ils n'avaient pas de trace de compte rendu de mon procès. Cela n'a rien de surprenant : je n'ai jamais vu le moindre représentant des autorités consulaires, au procès. Ils devaient être persuadés de ma culpabilité, eux aussi, et se disaient sans doute que je n'avais que ce que je méritais. Maintenant, ils vont sans doute le regretter : à l'Élysée, les hommes du président ont dit : « Il n'est pas normal que cette affaire nous pète à la gueule de cette manière. »

Je n'ai pas le temps de me laisser griser. J'ai bien compris qu'on me demande de ne pas être euphorique, et d'ailleurs j'ai dépassé ce stade. La douche glacée de ma condamnation a laissé un souvenir douloureux. Mais il n'y a plus le moindre risque que je me laisse aller à l'euphorie : moins d'une semaine après cette visite de mes parents à l'Élysée et les paroles qui ont suivi, retransmises à l'opinion mexicaine, le parquet de Mexico annonce qu'il fait appel de ma condamnation à quatre-vingt-seize ans de prison. Motif : elle lui semble trop légère ! Pour Frank Berton, il n'y a aucun doute : c'est la réponse du pouvoir mexicain à la médiatisation de la semaine précédente et à la mise en cause implicite de Genaro Garcia Luna. On nous fait savoir qu'il est intouchable. On dirait que les conseillers de Nicolas Sarkozy ont raison : il faut être déterminé mais prudent. Surtout ne pas froisser les susceptibilités mexicaines, ne pas commettre de faux pas. En fait, cela me ramène à février 2006, quand je suis intervenue sans réfléchir dans l'émission de Denise Maerker. Quelques jours plus tard, Cristina Rios Valladares et son fils Cristian Hilario changeaient leurs déclarations et m'accusaient directement. C'était évidemment une réaction à mon intervention : il fallait éviter que l'opinion ait le temps de douter, renforcer à tout prix ce dossier qui ne tenait pas. Et tant pis si ce changement brutal et opportun paraît peu crédible : la presse s'est chargée de le relayer comme si c'était une bombe. La décision du parquet de Mexico est reprise de la même manière : on explique qu'il faut être intraitable avec les preneurs d'otage, et on suscite une réaction nationaliste en dénonçant la France qui se mêle des affaires mexicaines sans en connaître les enjeux. C'est le début d'une épreuve de force, le ton est donné. En d'autres temps, cela m'aurait affolée de me savoir au milieu d'un tel affrontement, mais maintenant je suis soutenue, je ne suis plus seule. Je dois me montrer à la hauteur !

Frank Berton organise des rendez-vous avec la presse française. C'est nouveau pour moi. J'appelle son cabinet et les journalistes sont là, rassemblés autour d'un téléphone avec haut-parleur. Mon avocat me dit qu'il est important qu'ils puissent m'enregistrer, parce que cela leur permet de diffuser ce que je leur dis sur les antennes. Les Français vont apprendre à me connaître, cela me fait un peu de bien et ce n'est pas du luxe car l'acharnement que je sens au Mexique me pèse énormément. En réponse à toute cette médiatisation, le ministre Garcia Luna et ses sbires réaffirment des choses totalement fausses, s'appuient sur des témoignages qui n'existent pas pour convaincre encore et encore l'opinion mexicaine de ma culpabilité, se vantent d'avoir réalisé une grosse prise en arrêtant ce qu'ils appellent la bande des Zodiacos et que le peuple doit leur faire confiance : ils luttent contre ce fléau profond qu'est la criminalité. Il ne faut pas être très malin pour comprendre qu'ils ne reconnaîtront pas si facilement le montage.

Je m'accroche au soutien qui me vient de France. Mes parents vont bientôt venir et Frank Berton aussi. C'est la fin du mois de mai, l'été arrive sur Mexico et je suis toujours là, enfermée à Tepepan, dans une prison à taille humaine, c'est vrai, mais que je ne supporte plus. Je n'ai plus d'amie, ici. Et ces cris qu'on entend à travers les pièces à longueur de journée me glacent – les filles ne savent pas se parler sans hurler. Heureusement, je reçois du courrier, maintenant, et de plus en plus depuis quelques semaines. La médiatisation en France a fait son œuvre. On m'envoie des lettres et des cartes d'un peu partout, avec plein de mots gentils, beaucoup d'encouragements. Maître Berton et Me Garcia m'ont parlé de libération conditionnelle. Ils ont même déposé une demande officielle. Je sais que je ne devrais pas, mais c'est plus fort que moi : je ne pense plus qu'à cela à longueur de jour et de nuit.

Quand mes parents arrivent, ils sont impatients que je rencontre mon nouvel avocat. Il y a comme une flamme nouvelle en eux, et ils me communiquent leur enthousiasme. Je suis tellement contente de les voir ainsi, un peu revigorés, moins minés de l'intérieur qu'ils ne l'étaient pendant tous ces mois où ils vieillissaient à vue d'œil. Ils ont pris rendez-vous à l'ambassade où ils ont l'intention de demander quelques comptes. C'est à l'Élysée qu'on les y a encouragés, alors ils n'hésitent pas. Ils sont remontés.

Frank Berton arrive un vendredi matin, accompagné d'Horacio Garcia. Je l'attendais depuis une heure au bout du couloir, impatiente parce que c'est forcément un moment important. Et le voilà qui déboule. Je crois qu'il est aussi anxieux que moi, mais il ne le montre pas. Il est exactement comme je l'imaginais. Je crois qu'en prison on développe des sens nouveaux, on fait attention à des choses qu'on ne remarque pas à l'extérieur. Au téléphone, on est attentif aux intonations, à la manière de dire bonjour, de passer le combiné à quelqu'un d'autre. Et ensuite, puisqu'on n'a que cela à faire, on pense à tout ce que l'on a entendu, on se repasse les conversations et on s'imagine comment est l'autre, qu'on ne connaît que par sa voix. J'avais donc deviné cette « gueule », cette force qui se dégage de lui. Il arrive à peine, mais j'ai l'impression que je le connais depuis le premier jour. Il est comme je le rêvais. Si on m'avait demandé comment je le voulais, mon nouvel avocat, je crois que j'aurais fait ce portrait-là. C'est important : mon sort dépend de lui, maintenant.

C'est moi qui assure la traduction entre mes deux avocats et je les vois se mettre au travail immédiatement, se plonger dans le dossier qu'a apporté Horacio Garcia, avec complicité mais chacun dans son style : plutôt protocolaire et sobre pour Me Garcia, plus cassant et vite ulcéré pour Me Berton.

Il est porteur d'un message de Nicolas Sarkozy. Un soutien ferme et sans équivoque. Et il nous montre une copie de la lettre que le président français a envoyée, comme promis, à son homologue mexicain, « Son Excellence M. Felipe Calderón Hinojosa, président des États-Unis du Mexique ».

Monsieur le Président,

La confiance qui caractérise nos relations personnelles me conduit à vous entretenir d'un cas délicat et douloureux.

Mademoiselle Florence Cassez est une ressortissante française incarcérée au Mexique depuis le 8 décembre 2005. Elle a été condamnée le 25 avril 2008 à une lourde peine de prison pour, principalement, infraction à la loi fédérale contre le crime organisé, enlèvement et séquestration de personnes.

La situation de Mlle Florence Cassez suscite en France une réelle émotion.

J'ai récemment reçu sa famille qui m'a fait valoir les éléments troublants qui existeraient dans ce dossier, notamment sur les circonstances de l'arrestation, les témoignages à charge et la lenteur de la procédure. L'avocat de Mlle Cassez a interjeté appel de la condamnation prononcée en première instance. Une demande de mise en liberté provisoire est également en cours d'examen par la Cour suprême.

Je m'adresse à vous, Monsieur le Président, pour vous transmettre l'espoir de la famille de Mlle Cassez que la justice mexicaine se prononce dans le respect de ses droits fondamentaux, en particulier celui d'être jugée dans un délai raisonnable.

Il va de soi que les autorités françaises traiteront ce cas dans le prolongement de la protection consulaire, dans le respect de la souveraineté du Mexique et de l'indépendance de sa justice.

Je vous prie d'agréer, Monsieur le Président, l'assurance de ma très haute considération.

Nicolas Sarkozy

C'est le premier geste concret que l'on fait pour moi depuis la France, mais quel geste ! J'en suis honorée. Je regarde mes deux avocats décortiquer toute la procédure qui m'enferme ici, Garcia toujours très calme et méthodique, Berton de plus en plus bouillant à mesure que l'autre lui tend les pièces annotées. Quand Horacio Garcia lui apprend que ma nuit dans la camionnette de l'AFI, juste après notre arrestation et avant le montage devant les caméras de télévision, est une violation flagrante de la Constitution mexicaine, Frank Berton bondit. Il se fait expliquer : l'article 16 du texte fondateur des États-Unis du Mexique prévoit que toute personne interpellée par les forces de l'ordre doit être présentée immédiatement aux autorités judiciaires. Cela n'a pas été mon cas, évidemment, puisqu'il s'est écoulé vingt-quatre heures avant qu'on m'amène à la *Siedo* pour y être interrogée. La réaction de mon avocat français est immédiate :

— Nous avons ici un argument en béton : cette violation de la Constitution est établie puisque Garcia Luna a reconnu le montage de l'arrestation, et votre présentation le lendemain à la *Siedo* figure sur le registre !

Puis il se tourne vers Horacio Garcia et s'étonne :

— Mais pourquoi n'avez-vous pas immédiatement déposé un recours en annulation de toute la procédure ?

Éberlué, l'autre avoue n'y avoir même pas pensé. Ce n'est pas dans les usages, ici. Il finit par me dire :

— Vous savez, au Mexique, tout le monde s'en moque, de l'article 16...

Puis ils s'attaquent aux témoignages : celui d'Ezequiel Elizalde, cet homme barbu que j'ai découvert derrière le panneau de bois, dans la cabane du jardin, au ranch, au moment de la fausse arrestation, qui me décrit en blonde aux cheveux courts et m'accuse de lui avoir fait une piqûre au doigt pour l'anesthésier. Il a l'air malin, maintenant, avec l'expertise qui prouve qu'il s'agit d'une tache de naissance ! Mais tout cela ne bouscule pas la justice mexicaine autant que Me Berton. Je le vois qui prend des notes et encore des notes sur les feuilles de son grand cahier, et surtout sans rien oublier : les déclarations changeantes de Cristina Rios Valladares et de son fils Cristian Hilario, les erreurs de date et le plus fort de tout, peut-être, pour lui qui découvre seulement le dossier : la perquisition dans la maison de Lupita.

— Comment ? Deux des victimes reconnaissent une autre maison ? Mais cela prouve que vous ne pouvez pas les avoir vues ! Et l'occupante de l'autre maison n'a même pas été interrogée ?...

J'ai enfin le sentiment que quelqu'un est sur la même longueur d'onde que moi. Cela dure toute la journée. Ils relèvent encore, ensemble, d'autres violations flagrantes, du code pénal cette fois, comme l'absence d'avocat à mes premiers interrogatoires. À la fin de la journée, Frank Berton a l'air satisfait de leur travail et Horacio Garcia semble ravi de ne plus être seul. Quand ils s'en vont, je dois me retenir pour ne pas croire très fort en mes chances, mais ils m'ont prévenue : la procédure d'appel doit aller à son terme, maintenant, le juge vient d'ailleurs d'être désigné. Et malheureusement cela ne se passe pas comme en France : il n'y a pas de procès, même pas de rencontre avec le magistrat. Celui-ci étudie tout le dossier sur papier, ainsi que les nouvelles pièces que lui communiqueront les avocats, mais il ne voit personne. Même pas moi. Pas une seule fois ! Quand il estime avoir fait le tour de la question, il rend son jugement, et voilà tout ! Frank Berton, plaideur insatiable en France, est au sommet de la frustration.

Mais il décide de mettre toutes les chances de notre côté : il se rendra donc le lendemain à un mystérieux rendez-vous dont il n'a jamais voulu me donner les détails. Je sais juste qu'on l'a emmené dans la montagne, à deux ou trois heures de route du centre de Mexico, qu'il était accompagné de gardes du corps, et qu'il a été reçu par un haut magistrat désireux de l'instruire des usages de la justice mexicaine. Bertrand Rosenthal, journaliste de l'Agence France-Presse à Mexico, l'a guidé. Je ne sais pas comment ils se sont rencontrés, mais il est évident qu'ils se sont bien entendus et que mon avocat a été vraiment aidé par le journaliste. Pourtant, il ne croyait pas à mon innocence, celui-là. On le sentait bien au ton des dépêches qu'il envoyait. Mes parents ont même eu des mots avec lui. Mais il n'avait sans doute pas tous les éléments pour juger et l'évolution de son comportement me donne confiance. C'est le sens du travail de Frank Berton.

En tout cas, ce dernier revient stupéfait de son escapade en montagne.

— On m'a dit que les juges, souvent, n'assistaient même pas au procès.

Il a raison : la juge Sanchez, qui m'a condamnée à quatre-vingt-seize ans de prison, n'a été présente qu'à une seule audience en près de deux ans.

— Il paraît que c'est par manque de temps, par manque d'organisation. On m'a dit aussi que de nombreux juges se laissent corrompre et que les autres vivent dans la peur. On m'a fait une peinture catastrophique de l'état de la justice au Mexique, Florence. Il paraît que nous avons intérêt à nous adjoindre un avocat qui connaît les ficelles, et introduit auprès de la Cour d'appel fédérale, si nous voulons avoir une chance de peser un peu dans la décision.

Il a déjà eu au téléphone un avocat réputé, Agustin Acosta. Il doit en rencontrer d'autres et choisir, en accord avec mes parents.

Je suis réapparue à la télévision et dans les journaux. Tout d'abord dans l'hebdomadaire *Proceso*, plutôt classé dans l'opposition de gauche, qui a publié un long sujet sur la venue de mon nouvel avocat et repris ses déclarations depuis la France. C'est la première fois qu'un article m'est aussi favorable. Il ne dit pas que je suis innocente, mais il relève toutes les faiblesses de l'accusation, les ficelles de Garcia Luna dans d'autres histoires et la manière dont ont été modifiés les témoignages après mon coup de fil à la télévision. Des choses connues en France, mais pour les Mexicains c'est nouveau. Cet article, qui fait planer une ombre mafieuse sur mon histoire, a considérablement tendu l'ambiance, à Mexico. Au point que le consulat a conseillé à Frank Berton de faire appel à des gardes du corps. Quand il est arrivé à l'aéroport, une voiture blindée l'attendait, et ses « gorilles » ne le quitteront pas de tout son séjour.

Après sa visite si mystérieuse dans la montagne, Frank donne une conférence de presse, sur la terrasse de son hôtel, en plein centre de Mexico. Il y a là des journalistes français, et quelques représentants de la presse mexicaine, curieux, plutôt sceptiques, mais intéressés par mon histoire. Ils en ont pour la première fois une autre version, avec des éléments qu'on ne leur a jamais donnés. Frank leur ouvre son dossier. Il insiste sur les conditions de mon arrestation, la nuit que j'ai passée dans cette camionnette, en dehors de toute légalité, de tout cadre judiciaire, et sur la description de la maison de Lupita par Cristina Rios Valladares et son fils. Il insiste parce que c'est un élément capital aussi pour l'opinion publique. L'homme de la rue, au Mexique comme en France, m'a condamnée d'emblée parce que j'étais avec Israël et que le montage de l'arrestation, pour la télévision, a fait croire que les personnes séquestrées étaient gardées dans le cabanon du ranch. « Comment est-il possible qu'elle ait vécu là et qu'elle n'ait pas vu que plusieurs personnes y étaient séquestrées ? Non, c'est impossible ! » Voilà ce que disent les gens, je le sais bien. Et c'est bien vrai que ce serait impossible. Mais la maison que reconnaissent Cristina et son fils, ce n'est pas le ranch ! Voilà ce que dit Frank Berton. Et c'est la première fois que quelqu'un insiste là-dessus. La maison de Lupita et Alejandro Mejilla se trouve à trente kilomètres du ranch, par la route. Je n'y suis allée que deux ou trois fois, avec Israël, mais je me souviens bien de cette maison. Il y a une grande porte verte pour fermer la cour, et juste deux fenêtres qui donnent sur la rue, avec un marchand de jouets à côté. Il y a des voisins, là-bas ;

il suffirait d'aller les interroger, ils ont sûrement des choses à dire, mais la police ne l'a jamais fait. Et quand des journalistes le feront, un peu plus tard, ils ne voudront pas parler. Il faut les comprendre. Depuis que l'État français s'est mêlé de mon histoire, elle fait peur. Parce que la police et la justice mexicaines ont considérablement durci le ton de leurs interventions. Sur quelles recommandations ? Tous les regards se tournent vers Genaro Garcia Luna, mais personne ne veut l'interroger pour l'instant. Et lui aussi, quand il sera sollicité, refusera de parler. Les journaux commencent à évoquer un affrontement entre la France et le Mexique.

— C'est exactement le contraire de ce que nous souhaitons, dit Frank Berton dans sa conférence de presse. Nous voulons plutôt une collaboration.

C'est incroyable : il fait preuve de diplomatie. Et pour que son message passe bien auprès de la presse mexicaine, il ose une comparaison :

— La juge peut parfaitement s'être trompée. Nous pouvons le comprendre : chez nous, dans l'affaire d'Outreau, un juge s'est trompé treize fois. Alors ici, elle peut bien s'être trompée une fois…

Enfin, il donne une dernière indication, pour montrer que la justice mexicaine a peut-être manqué de rigueur. Il détaille la peine de quatre-vingt-seize ans qui m'a été infligée :

— Quatre fois vingt ans, pour quatre enlèvements. Ezequiel, Cristian Hilario, Cristina et… son mari, qui n'a jamais été détenu et dit n'avoir rencontré que des hommes, lors de l'enlèvement de son épouse et de son fils. Ces hommes l'ont immédiatement relâché pour qu'il puisse s'occuper de rassembler la rançon. Florence n'était même pas inculpée pour son enlèvement, lors du procès, et elle est condamnée tout de même. Et puis quatre ans pour possession d'armes, quatre autres années pour possession de munitions réservées à l'armée. Et enfin, huit années pour association de malfaiteurs, alors que la loi de votre pays dit qu'il faut au moins trois personnes pour définir une association de malfaiteurs. Ici, il n'y en a que deux, et la deuxième personne, Israël Vallarta, n'est même pas encore condamnée...

Le lendemain, les principaux quotidiens reprennent ses mots, publient sa photo et racontent toute sa détermination. Je sens, depuis le fond de ma cellule, que certains journalistes commencent à changer de ton et se montrent enfin critiques sur la manière dont ont été conduits mon arrestation et mon procès. Mais ce ne sont que quelques articles... et quand Frank Berton reprend l'avion, après être passé me voir encore une fois pour m'assurer qu'il allait faire le maximum pour me sortir de là, et surtout relayer tout cela à l'Élysée, je sais que quelque chose a définitivement changé, ici. Si une partie de l'opinion doute de ce qu'on lui raconte dans la majorité des médias, le pouvoir mexicain s'est considérablement radicalisé contre moi. Il va falloir beaucoup d'habileté à ceux qui veulent bien m'aider. La solution ne sera pas que juridique, je l'ai bien compris. Elle sera également politique, et même diplomatique.

Après tout ce remue-ménage, après le départ de mon avocat et de mes parents, je me retrouve seule ; l'excitation de ces quelques jours importants retombe. C'est un sentiment bizarre, ce vide qui reste quand tout est fini, quand ils sont tous rentrés en France et que je suis toujours là, enfermée, empêchée de vivre normalement et toute petite au milieu d'une histoire qui me dépasse désormais.

Pour garder le contact, j'appelle Frank Berton tous les jours. Ce coup de fil est devenu aussi important que celui que je donne à mes parents chaque matin, depuis le début. J'ai besoin de sa voix, de sa force, et de l'entendre dire : « On va faire ça, ça et ça ! ».

C'est à ce moment que se développe mon comité de soutien, en France. Jean-Luc Romero est à l'origine de cette idée et il a bien du travail. Il est né à Béthune, lui aussi a rencontré mes parents : il a cherché à en savoir plus, à se faire expliquer ce qui s'est réellement passé. Et même s'il vit à Paris et qu'il est conseiller général dans la région parisienne, dès qu'il a été convaincu de mon innocence, il s'est jeté dans la bataille. Et avec quelle générosité ! Je déborde de reconnaissance pour lui et tous ceux qui animent le site Internet[1], organisent des réunions, parlent de moi dès qu'ils en ont l'occasion. Je sais qu'ils se heurtent à une drôle de suspicion : c'est d'autant plus remarquable. Je suis ici, toute seule, des journées entières, et il m'arrive de flancher : je pense alors à toutes ces personnes et je me dis que, au fond, j'ai de la chance de les avoir. Derrière moi, il y a mes parents. Depuis toujours, depuis le début. Je me répète encore et encore que c'est un trésor d'avoir leur amour si fort qu'ils ne se sont jamais demandé si j'avais quelque chose à me reprocher. Qu'est-ce que je serais devenue s'ils avaient douté de moi ? Et s'ils ne m'avaient pas aidée au point de tout me donner ?

Et mon avocat, maintenant. Ce n'est pas n'importe qui, je sens qu'il me porte, lui aussi, comme me portent Jean-Luc et tous ceux autour de lui. Comme me porte Thierry Lazaro, mon

1. http://leblog.liberezflorencecassez.com

sauf-conduit pour l'Élysée. Quelle énergie, lui aussi. Ma mère m'a raconté comment il l'avait regardée, un jour, pour l'assurer de son soutien : « Je suis convaincu de l'innocence de votre fille, Madame. » Jusqu'au président lui-même qui croit en moi, qui se remue comme tous les autres – mais à son niveau tout de même, ce n'est pas rien ! Et moi, tout ce que j'ai à faire, c'est tenir. Voilà ce que je me dis quand je sens mon moral vaciller. Je me répète qu'ils ne me demandent rien d'autre en échange de tout ce qu'ils font pour moi. Par moments, quand je manque d'énergie, je peux passer un mois sans les appeler et ils ne me le reprochent même pas. Ils comprennent tous que j'ai des hauts et des bas, que parfois je n'en peux plus et que dans ces moments-là je me terre dans ma cellule sans vouloir rien entendre.

Encore un été qui passe. Un automne qui revient, pendant qu'un juge – le juge Fermin – travaille sur mon dossier dans le secret de son bureau, sans que je sache à quelle vitesse il avance ni quelle idée il se fait de mon cas. Il faut surtout que j'essaie de ne pas y penser. C'est trop difficile. Pour passer le temps, à la prison, je me suis trouvé quelques activités. Je fais du sport, en fin de journée, avec un prof qui vient là presque tous les jours. Du step et de la musculation, bien à fond, en donnant tout ce que je peux, parce que je vais ensuite me coucher et après tout cela je m'endors rapidement. La directrice m'a aussi proposé de donner des cours de français à quelques-unes de mes codétenues. Je n'ai jamais eu une âme d'enseignante, je n'ai surtout jamais fait de pédagogie, mais je me débrouille en commençant par des phrases simples et cela semble intéresser quelques filles. Je ne sais pas si elles ont réellement l'intention d'apprendre à parler ma langue, ou si elles sont là pour passer un peu de temps, mais elles s'intéressent au cours et ces moments sont plutôt agréables.

Je m'occupe de mon courrier, aussi. Un courrier de ministre ! De plus en plus de courrier, qui arrive par paquets. Il peut se passer une semaine, parfois deux, sans que je reçoive une lettre, puis tout m'arrive d'un seul coup. Les cartes postales, les mots d'encouragement, les colis, et parfois des livres. Je réponds à tout le monde, c'est la moindre des choses. Du moins je fais mon maximum, mais j'avoue avoir laissé de côté quelques courriers. En particulier ceux qui arrivent dans mes périodes de dépression les plus sombres, quand je n'ai plus de goût à rien, que mes forces m'ont quittée. Je ne peux même pas lire, dans ces moments-là.

Le sport, les cours de français m'aident à passer le temps et je me suis aussi lancée dans la fabrication de bijoux. Des colliers, des bracelets, avec des perles et des accessoires qu'on m'apporte. C'est une amie de Soraya qui m'a donné l'envie de me lancer, une dame qui venait voir ma copine de cellule et porte toujours beaucoup de bijoux. Une femme soignée, gentille. Quand Soraya a été libérée, qu'elle est repartie en Colombie, cette dame a compris que j'aurais de la peine et elle a continué ses visites. Pour moi. Ce sont des choses qui me touchent. D'ailleurs, j'ai eu d'autres marques d'intérêt de cet ordre. Cela se passe toujours de la même façon : une personne qui me connaît parle de moi à une autre personne, alors celle-là demande à venir me voir, souvent par gentillesse – parfois par curiosité, je le sais bien, mais je préfère ne pas y penser. Il suffit alors que je fasse noter ce nouveau nom sur le registre de mes visites, et cette personne-là aura le droit d'entrer, en principe. Évidemment, il ne faut pas avoir peur de l'ambiance, des fouilles et de la promiscuité. Mais, souvent, mes visiteurs font l'effort de paraître très détendus. Et moi, j'accepte tout le monde : une journée avec une visite, c'est une journée qui passe plus vite.

Finalement, il n'y a peut-être qu'avec l'ancien consul de France et son épouse que les choses ne se sont pas bien passées. Je me suis braquée. D'abord parce que j'ai bien senti qu'ils ne croyaient pas à mon histoire et qu'ils ont pensé d'emblée que j'étais coupable de ces enlèvements – ou, pour le moins, que je « devais bien savoir quelque chose ». Ils m'ont tout de suite considérée comme une écervelée. Et ils ne m'ont pas beaucoup soutenue, même dans le cadre de l'activité consulaire. D'ailleurs, Frank Berton ne s'est pas gêné pour le leur dire, lors de sa visite. Un soir, à son hôtel, l'ambassadeur et le consul sont passés le voir. Mes parents ont assisté à l'entretien, qui ne s'est pas bien passé. Mon avocat a reproché vertement aux fonctionnaires leur attitude et leur a dit tout le bien que l'Élysée en pensait. Les conseillers de Nicolas Sarkozy n'avaient même pas de dossier sur moi ! Ils ont commencé à en constituer un en mai 2008, quand Me Berton leur a envoyé une première note, juste avant d'être reçu. Avant, je n'existais pas pour la diplomatie française. D'ailleurs, quand mes parents ont demandé à être reçus, avant les élections présidentielles, Jacques Chirac leur a répondu qu'il ne pouvait rien faire et Philippe Douste-Blazy, alors ministre des Affaires étrangères, n'a rien répondu du tout.

Aujourd'hui, ce n'est plus pareil. L'ambassadeur et le consul ont été nommés ailleurs, il paraît qu'ils m'en veulent un peu, et ne disent pas que du bien de moi. Cela m'est égal. Leurs successeurs n'ont pas le même comportement, et c'est un autre soutien de taille. C'est mon pays qui est à mes côtés, à travers eux. Vera Valenza, la consule générale, est une femme charmante qui vient me rendre visite régulièrement. Si nos rapports étaient un peu tendus, au début, c'est sans doute que je me méfiais : j'avais été échaudée. Maintenant, je suis heureuse de la voir et on me dit que Daniel Parfait, l'ambassadeur, se tient très précisément informé de ma situation, qu'il connaît mon dossier sur le bout des doigts. S'il peut m'aider, il le fera, je le sais.

Toutes ces petites choses comptent énormément. Toutes les attentions. La plus charmante, en cette fin d'année, a sans doute été celle de Pascal et Vincent. Je ne les connaissais pas, je n'avais jamais entendu parler d'eux. Ce sont deux Français installés à Mexico, où ils ont monté une entreprise de surveillance et de sécurité. Ils ont du travail, ici. Ils étaient les gardes du corps de Frank Berton lors de sa visite. Ces deux colosses ont un point commun avec mon avocat : un cœur immense. C'en est craquant. Ils ont demandé à me voir, j'ai accepté, bien sûr ; et le jour de mon anniversaire, ils sont arrivés avec des moules et des frites sous vide ! Ils avaient juste demandé quel était mon plat préféré. J'en ai eu les larmes aux yeux. Il y a des choses qui prennent des proportions énormes, en prison.

Je sais aussi qu'en France la mobilisation continue. Thierry Lazaro a obtenu que soit posée à l'Assemblée nationale une question au sujet de ma situation et de la manière dont le gouvernement français peut me soutenir. Et il a convaincu un autre député de ma région, qui n'est pas de son bord politique, de s'associer à lui. Pour montrer l'union qui se fait derrière moi. C'est Frédéric Cuvillier, maire de Boulogne-sur-Mer, socialiste, qui posera la question. Ce n'est pas rien, ça : je fais mon entrée à l'Assemblée nationale. Mes parents sont là, ce jour-là, bien sûr, et Frank Berton également. C'est un mercredi, le 26 novembre. Neuf jours après mon anniversaire, c'est un joli cadeau aussi. Frédéric Cuvillier pose sa question et martèle sa conviction que je suis innocente :

— Tous ceux qui se sont penchés sur son dossier sont stupéfaits du caractère hautement fantaisiste des accusations. Aucune charge sérieuse ne peut être retenue contre elle.

Mes parents sont aux anges : quand le maire de Boulogne a terminé, tous les députés l'applaudissent. À gauche comme à droite. On se dit qu'avec un tel soutien, on a raison d'espérer. Thierry Lazaro a fait circuler une pétition dans l'hémicycle, elle a été signée par plus de cent députés dès le premier jour. Il en viendra d'autres, après, quand ils auront pris la peine de se renseigner, pour savoir ce qu'ils signaient, à qui ils avaient affaire. Et je les comprends. Je ne demande que cela : qu'on étudie mon dossier, qu'on se renseigne, qu'on enquête, j'ai tout à y gagner !

Enfin, Rama Yade, secrétaire d'État aux Droits de l'homme, fait une réponse très diplomatique, à l'Assemblée. C'est son rôle. Mais le message est clair : « Cette affaire est suivie de très près au plus haut niveau de l'État. » Je ne sais pas encore à quel point ce sera vrai.

Personne ne le sait, d'ailleurs. Nicolas Sarkozy choisit pour l'instant de rester discret. Pourtant, il tente un coup osé. Une sorte d'atout qu'il avait dans sa manche et qu'il sort en y croyant très fort. Depuis quelques mois, il est très proche d'Ingrid Bétancourt et de sa famille. Ce n'est pas un hasard si elle a choisi de revenir en France aussitôt après sa libération : c'est parce qu'elle considère qu'elle doit une fière chandelle à l'obstination du président. Elle lui est reconnaissante et il le sait.

L'annonce de sa libération a été bouleversante. Elle est très populaire en Amérique du Sud, et particulièrement au Mexique. Pendant tout le mois de juillet, on ne voyait qu'elle à la télévision. Quel choc, pour moi ! Combien de fois en ai-je pleuré ? Je la voyais à côté du président, de Carla Bruni, et j'étais en admiration. Quelle force, quelle tenue ! Je lui ai écrit une lettre pour lui expliquer le symbole qu'elle représentait pour moi. Et combien de fois en ai-je rêvé ? Toutes les nuits, toujours le même rêve : c'était moi qui descendais de l'avion, qui marchais vers le président et son épouse, mais je n'avais pas sa réserve, sa maîtrise, moi ! J'embrassais tout le monde, c'était plus fort que moi, je ressentais un bonheur fou, une immense émotion impossible à contrôler, et je sautais dans tous les sens. C'est peut-être ainsi que je le vivrai un jour. En attendant, je me réveille chaque fois en sursaut. Comme un gamin qui a vu un film avec un héros et en rêve la nuit.

J'ai été surprise de l'entendre parler de sa foi, de la ferveur que sa visite au pape a soulevée ici, au mois de septembre, puis de l'entendre, elle qui avait passé plus de six ans dans la jungle, parler de pardon. Et puis, je me suis dit : « Quelle force ! ». Elle est devenue mon exemple. Mon espoir, aussi. Ingrid Bétancourt sauvée, cela me fait rêver…

Je suis donc bouleversée quand j'apprends que Nicolas Sarkozy fait appel à elle. Et elle ne s'engage pas les yeux fermés. Elle demande à étudier mon dossier, à se faire une idée sur mon innocence ou ma culpabilité, et c'est Frank Berton qui lui transmet les pièces dont elle a besoin. Cela lui prend deux jours, pas plus. Elle rappelle Nicolas Sarkozy et lui confirme son engagement. Elle va intervenir pour moi. Je le crois à peine ! Et ce qu'on ne sait pas, alors, c'est qu'elle connaît bien Felipe Calderón. Et depuis longtemps : ils ont fait leurs études ensemble. C'est inespéré. D'autant qu'elle est devenue un soutien farouche, elle comprend ma situation. Un voyage est donc organisé à Mexico, une visite comme elle en fera dans d'autres pays d'Amérique latine. Elle se recueille devant la vierge de Guadalupe, que vénèrent les Mexicains, et cela la rend encore plus populaire. C'est un pays très croyant, très pratiquant. Il y a une ferveur incroyable, les jours de fête religieuse, et la venue d'Ingrid, c'est comme une fête. Que diraient les Mexicains s'ils savaient qu'elle croit à mon innocence, et même qu'elle parle de moi à Felipe Calderón, pour lui demander de considérer ma situation ? J'aimerais tant qu'elle puisse l'afficher, ce soutien. Mais Sarkozy ne le veut pas et, manifestement, c'est la même chose pour Felipe Calderón. Alors, l'entretien reste secret. Et même s'ils se sont embrassés, s'ils étaient, paraît-il, ravis de se revoir, tous les deux, le président mexicain n'a rien promis à Ingrid. Et il faudra bien se rendre à l'évidence : il ne fera rien.

Au moins, j'aurai rêvé un peu.

9

Voilà la période des étrennes. J'ai passé douloureusement le troisième anniversaire de mon arrestation et tous les souvenirs qui vont avec. Je me suis recroquevillée dans ma cellule, j'ai tenté de faire le vide, de chasser tous ces démons qui reviennent en force et ces douleurs qui me piquent comme autant de lances quand je pense qu'on m'a déjà volé plus de mille jours de ma vie. Je n'ai pas participé aux petites festivités des détenues de Tepepan pour Noël. Pas le cœur à ça, pas d'amie assez proche. J'attendrai d'être dehors, d'être libre pour célébrer cela comme je le souhaite, et avec qui je le souhaite.

Mes étrennes à moi, c'est la visite de Frank Berton. Il me l'a annoncée il y a quelques jours, et il a bien pris soin de me préciser qu'il n'a rien de spécial à me dire, mais c'est plus fort que moi : je sens comme une excitation, un fol espoir qu'il se passe enfin quelque chose. Après tout, on parlait de six à huit mois pour le jugement en appel, et voilà neuf mois que le juge Fermin est penché sur mon dossier. Sa décision pourrait tomber au moment de la visite de mon avocat, pourquoi pas ?

En tout cas, Frank Berton va demander à être reçu par le juge. Ce n'est pas prévu par la procédure, le juge a parfaitement le droit de refuser ; et même s'il accepte, ils ne parleront pas du fond du dossier, mais Berton est décidé à demander. Il veut lui parler de moi, et du soutien de la France, il trouve que c'est important. Il est toujours rassurant, direct, et même un peu brusque parfois, mais c'est très bien comme cela. Avec lui, je sais où je vais. Et puis, il me laisse entendre que Nicolas Sarkozy va bientôt venir en voyage officiel au Mexique ! Il n'y a rien de sûr, pas encore de date précise, mais une visite du président en personne va forcément déclencher des choses. Tout ça me tourne un peu la tête, c'est beaucoup d'un seul coup : je vais devoir me contenir, ne pas me laisser aller à mes espoirs et me montrer à la hauteur.

Au moment où il arrive à Mexico, Frank Berton a déjà été reçu cinq fois à l'Élysée. La plupart du temps, mes parents s'y trouvaient aussi, et ils m'en racontent toujours la même chose : « Le président nous a répété sa détermination. Il ne laisse pas tomber. Il fait explorer toutes les possibilités par ses conseillers. » J'y crois dur comme fer et chaque fois qu'ils sont reçus, c'est la nuit pour moi : alors je rêve les yeux ouverts, sur mon lit. Je m'imagine un avion qui vient me chercher. Je me dis : « Sarkozy va me sortir de là ! ». Pour moi, c'est simple, c'est le président ; alors s'il veut me sortir, puisqu'il est si déterminé, il va réussir, je ne peux pas en douter.

Je sais que des gens continuent d'enquêter en secret. Maître Berton m'apprend par exemple qu'ils ont de drôles de renseignements sur la juge Olga Sanchez Contreras, qui m'a condamnée. Elle aurait eu des difficultés dans sa carrière, ils continuent de creuser. Dans l'immédiat, tout cela ne règle rien, mais cela me fait du bien de l'entendre, et d'écouter aussi le message de soutien de Nicolas Sarkozy. « Il est avec nous, Florence. Il se tient informé en permanence. » La confiance de mon avocat est contagieuse.

Le juge Fermin a accepté de le recevoir. Alors un matin il se rend à son cabinet, en compagnie d'Agustin Acosta, mon avocat depuis plus de six mois, qui a rédigé en quatrième vitesse les documents à remettre au juge pour l'appel. Il n'a eu que quelques jours pour cela, mais ils sont tous les deux confiants : dans ces conclusions, il y a bien des éléments nouveaux, à ma décharge, qui n'ont pas été étudiés par le tribunal. « Et puis, quoi, Florence ? La justice s'est trompée une fois, ça peut arriver. Mais deux erreurs, ce n'est pas possible, on ne le comprendrait pas. » Encore une fois, j'aime entendre cela. Je vois bien qu'ils s'entendent bien, tous les deux. J'ai eu un peu de mal à cerner Agustin Acosta, au début. Je le trouvais distant, moins abordable que Frank Berton. Mais je sais qu'il travaille pour moi, et quand je les regarde tous les deux, dans la salle de la prison, je me dis qu'ils vont y arriver, ils ont une telle détermination.

Au juge Fermin, ils ont montré un DVD de la question de Frédéric Cuvillier à l'Assemblée nationale. Ils ont expliqué que le gouvernement de mon pays est attentif à ma situation, comme le dit Rama Yade sur le document, et que l'opinion française est sensible. C'est un numéro d'équilibriste parce qu'il faut éviter que le vieux juge considère cela comme des pressions. Ce serait catastrophique. Mais quand ils viennent me raconter tout cela, ils ont confiance. Tout s'est bien passé. C'est encore une période où ma tête s'emplit d'un tas d'idées, parce que je vois mes avocats tous les jours, qu'on parle à nouveau de moi dans les journaux, à cause de la visite de Frank Berton, et les jours passent à toute vitesse. Il faut faire attention à l'atterrissage quand cela s'arrête, que mon avocat est rentré chez lui, et que la presse me range une nouvelle fois dans ses oubliettes. Ce sont des moments très difficiles, avec ce sentiment que je suis de nouveau dans l'oubli – le pire qui puisse m'arriver.

Je me raccroche à mon objectif : la sentence en appel ne doit plus tarder à tomber, c'est ce que le juge a laissé entendre à mes avocats. Pendant la visite de Nicolas Sarkozy ? Si seulement...

Au moment où elle approche, cette visite, les journaux s'emballent de nouveau. C'est d'abord sans lien avec moi, juste parce que le président avait reporté deux fois son voyage et qu'il est attendu par les milieux économiques, qui ont à cœur de faire des affaires avec la France. Et puis, il y a Carla Bruni. Rapidement, les journaux n'en ont que pour elle. Ils publient plein de reportages qui parlent de sa vie, de sa carrière de mannequin, puis de ses chansons et de ce destin extraordinaire qui en a fait la Première dame. Elle a une cote d'enfer. On parle d'elle avec admiration. Et voilà que quelqu'un, à l'Élysée, laisse entendre que le président a l'intention de parler de moi à son homologue mexicain, au cours de sa visite, et que son épouse me soutient elle aussi. La rumeur enfle, chaque jour les journaux et la télévision relaient l'information : « Madame Carla Bruni-Sarkozy devrait rendre visite à Florence Cassez à la prison de Tepepan. » Alors, ça, j'en rêve. Mais d'où vient cette idée, je n'en sais rien. Je ne sais surtout pas si elle est fondée, si elle vient de Paris ou de l'imagination des journalistes mexicains. En tout cas, tout cela tend considérablement l'ambiance. De nouveau, les articles s'enflamment et rappellent ce qu'ils ont toujours dit, pour la plupart : « Florence la Française est une kidnappeuse d'enfants. » Une nouvelle campagne est lancée, aussi dure que les précédentes, qui se teinte d'une sorte d'avertissement à l'endroit de Nicolas Sarkozy : « La France n'a pas à se mêler d'une affaire criminelle intérieure au Mexique. Notre pays et notre justice sont souverains. » Le voilà prévenu.

On est à moins d'une semaine de son arrivée, et je suis de nouveau terriblement inquiète. Je le suis toujours quand les choses s'affolent de cette manière, parce que la haine des Mexicains à mon égard est palpable. Cela m'effraie. On sent maintenant que le gouvernement de ce pays est aussi déterminé que le mien, qu'il a fait de moi et de mon histoire un enjeu politique : il me brandit devant la population comme un symbole. Après tout, je suis la seule prise de l'Agence fédérale d'investigation et de son mentor devenu ministre. Les bruits les plus suspects continuent de courir à propos de ces policiers, comme de Genaro Garcia Luna, surtout depuis qu'une journaliste très connue ici a sorti un livre, *Los Complices del Presidente* (« Les Complices du président »), dans lequel sont détaillés ses méthodes et ses compromissions, ainsi que le rôle joué à ses côtés par Luis Cardenas Palomino. Anabel Hernandez n'y va pas de main morte : elle raconte des scènes de violence gratuite sur la population, et même des crimes commis au nom du maintien de l'ordre et du secret qui doit entourer les affaires de Garcia Luna. On dit qu'elle est protégée, qu'elle doit s'entourer de gardes du corps, mais son courage est immense. Pourtant, tous ceux qui sont cités dans ce livre restent en place, même s'ils perdent encore un peu de crédit auprès de la population mexicaine.

Nicolas Sarkozy a bien compris le danger. Il doit traiter avec des gens qui ne reculeront devant rien et, pour tenter de préparer au mieux son voyage sur le plan juridique, il envoie secrètement un émissaire chargé de discuter avec les conseillers du président Calderón. Encore une fois, ce n'est pas n'importe qui : Jean-Claude Marin, procureur de la République de Paris, un des plus hauts magistrats de France, un homme reconnu comme l'un des meilleurs juristes du pays.

Et moi, dans tout cela ? Qu'est-ce que je viens faire là-dedans ? Tout cela me dépasse depuis si longtemps, voilà ce que je dirai à Carla Bruni si elle vient me voir. J'imagine déjà le branle-bas de combat à la prison. Ce serait de la folie ! Je me dis parfois que cela ne me vaudrait peut-être pas que des sympathies, qu'il pourrait y avoir des jalousies, mais je m'en moque, maintenant. Frank Berton m'a dit au téléphone que le couple présidentiel s'adresserait à moi d'une manière ou d'une autre. Je sens autour de moi une confiance qui me rappelle la période de ma sentence, quand on me disait : « C'est pour bientôt, Florence. Tout va bien aller. Tu seras bientôt libre... » Je dois faire attention à ne pas trop me réjouir, évidemment, mais c'est plus fort que moi. La visite du président, le jugement en appel qui doit tomber d'un jour à l'autre, ce n'est forcément pas une coïncidence. Et si c'était enfin la délivrance ?

C'est une garde qui me tire de toutes ces idées.

— Visite juridique, Florence.

Je suis dans la salle des visites. C'est l'après-midi et il fait beau, je suis terriblement nerveuse. Dans le bureau du fond, un homme que je ne connais pas s'approche et me tend un papier, presque sans un mot. Je ne sais pas ce que c'est, mais je n'aime pas ça. Mécaniquement, sans savoir exactement ce qui m'attend, je déplie, j'ouvre et je lis : « Culpabilité confirmée. »

J'ai une sorte de vertige. Je ne sais plus ce que je fais, où je vais, je sais seulement ce que cela signifie : je ne sors pas. Ce n'est pas encore pour maintenant. Tout s'écroule, tout ce que je m'étais bâti ces derniers jours, parce que tout le monde me laissait entendre qu'il fallait avoir confiance, que la justice mexicaine est indépendante et sereine, que mon dossier est vide et que tout le monde sait, aujourd'hui, que les témoignages qui y figurent sont de grossiers montages. La belle affaire ! J'ai encore eu tort d'y croire, et une incroyable douleur me prend le ventre, une rage à pleurer : tout cela ne finira donc jamais ! Je ne sortirai jamais et ma vie est foutue, foutue…

Au téléphone avec Frank Berton, je comprends d'abord que le juge a ramené ma peine à soixante ans. Il a tout de même supprimé les vingt ans pour l'enlèvement du mari de Cristina Rios Valladares, cet homme qui n'a jamais été enlevé ! Mais il y a pire, dans cette sentence. La première n'était pas cumulative : selon la loi mexicaine, je n'aurais dû purger que la plus forte des sept peines prononcées, c'est-à-dire vingt ans. Or, ce n'est plus le cas : cela signifie que je dois tout purger. Pour moi, cela ne change rien : je ne me suis jamais imaginé passer ici quatre-vingt-seize ans ni même vingt ans. Mais là, ma peine vient de passer de vingt à soixante ans. Le message est clair : le pouvoir mexicain est ferme, implacable. Il ne veut pas me lâcher, et même pas me faire le moindre cadeau. Cette sentence incroyablement sévère tombe cinq jours avant la visite du président, qui s'est si fortement impliqué. À l'autre bout du fil, pendant que je suis abattue, Frank Berton est hors de lui :

— C'est un défi à la justice ! Un défi à l'État français qu'on méprise et qu'on humilie !

Et tout le monde le prend ainsi. En France, on parle de provocation, on dit que le voyage de Nicolas Sarkozy est compromis, Jean-Luc Romero lui-même, mon plus fidèle soutien, déclare qu'il ne « voit pas comment le président pourrait maintenir sa visite officielle dans ces conditions ». C'est une catastrophe.

Frank Berton fait feu de tous bois. Il répond aux journalistes qui l'appellent et me demande de téléphoner, encore une fois, à son cabinet. On me dit qu'il y a du monde, les télévisions, les radios et toute la presse écrite. J'exprime mon désespoir, l'incroyable désillusion qui vient après une vraie période d'espoirs et de promesses ; j'ai l'impression de répéter toujours les mêmes choses et je ne parviens pas à contenir mes larmes. Pourtant, j'aimerais tant être à la hauteur, montrer à tout mon pays que je suis capable de me battre encore. Frank m'a donné un numéro à appeler, juste avant treize heures. En France, c'est vingt heures. Je vais passer dans le journal de Laurence Ferrari, que je ne connais pas, mais je sais que le 20 heures de TF1 est le plus regardé en France. Alors, je veux être forte, encore une fois, je ne veux pas que les gens se disent que je suis une pleureuse, que c'est lassant de m'entendre me plaindre. La journaliste est adorable. Elle a des mots très gentils, elle me demande comment j'encaisse le choc et je tiens le coup ; mais je m'écroule de nouveau, je raccroche en larmes, je n'ai plus confiance en rien, pas même en moi-même. La peur m'est revenue. J'ai peur de tout. Je tremble à nouveau continuellement et j'ai la tête vide, comme anesthésiée par l'angoisse de ce qui va se passer. Frank Berton a appelé l'Élysée, évidemment, et on lui a répondu qu'il serait reçu avec mon père le lendemain. Ma mère n'ira pas : mon grand-père vient de mourir, elle est partie dans sa famille, dans le centre de la France. Dans quel état elle doit être, ma mère ! Elle aussi commençait à se laisser gagner par l'espoir, je le sentais bien. Et maintenant, tout s'écroule en même temps : l'idée de récupérer sa fille et son père qui s'en va.

Dans le bureau de Nicolas Sarkozy, c'est d'abord l'incompréhension. Le président raconte qu'il a reçu un message de Jean-Claude Marin, alors que celui-ci allait prendre l'avion du retour. « Les discussions se sont très bien passées. Je crois que nous pouvons être optimistes. » Et l'envoyé du président a pris l'avion. À son arrivée à Roissy, il a appris que j'étais condamnée à soixante ans de prison. Il n'en revenait pas. Mais le président a confiance. Lui non plus ne comprend sans doute pas tout ce que cela signifie, mais il a une preuve de la bonne volonté de Felipe Calderón. Quelques jours plus tôt, il a reçu une lettre du président mexicain qu'il montre à mon père et à mon avocat. Elle est arrivée le 27 février, juste avant la sentence.

Son Excellence
Monsieur Nicolas Sarkozy
Président de la République française

Tout d'abord, je tiens à vous remercier des attentions dont nous avons été l'objet lors de notre rencontre cordiale à l'occasion de la réunion du Sommet du G20.

Je fais référence à votre lettre du 25 novembre dernier, relative à la situation de la ressortissante fran-

çaise Florence Marie Louise Cassez Crépin, dont je me suis tenu informé. Sans compromettre l'indépendance du pouvoir judiciaire, je peux vous affirmer que je suis convaincu que les instances compétentes statueront sur ce cas dans la stricte observance des garanties prévues par la loi et dans le plein respect des droits de l'homme de Mme Cassez Crépin.

Dans l'immédiat, il est fondamental que l'étape d'appel auprès du Tribunal unitaire, en charge de l'affaire, se termine. À partir de ce moment-là, on pourra être certain des peines qui pourraient être imposées et de la manière de les purger conformément à la législation mexicaine.

En deuxième lieu, une fois que la défense de Mme Cassez Crépin aura épuisé les voies de recours que la loi mexicaine lui confère et dans le cas où une décision de condamnation se verrait confirmée, il sera possible d'envisager l'application de la Convention sur le transfèrement de personnes condamnées, adoptée à Strasbourg, France, le 21 mars 1983. Ce traité, dont le Mexique et la France sont des États parties, permet le transfèrement du condamné vers son pays d'origine pour y subir sa condamnation, à condition que Mme Cassez Crépin en fasse expressément la demande.

Je vous prie d'accepter, Monsieur le Président, les assurances de ma plus haute considération.

Le 6 février 2009
Felipe Calderón Hinojosa
Président des États-Unis mexicains

Tout est prévu. Pour Nicolas Sarkozy, le message de Felipe Calderón est à peine codé : peu importe que je sois condamnée, puisqu'il autorisera ma rentrée en France ensuite. Il l'a d'ailleurs confirmé à demi-mot dans deux interviews qu'il a données avant la visite française, à *La Jordana*, à Mexico, et au journal français *Le Monde*. Là encore, il évoque la Convention de Strasbourg sur le transfert des personnes condamnées. Frank Berton et mon père n'ont pas le temps de réagir que Nicolas Sarkozy enchaîne. Ses conseillers ont épluché le texte de la Convention, ainsi que tous ses avenants : le président de la République française a le pouvoir de gracier le condamné à son retour sur le sol français. Pour lui, le tour est joué. Il ne doute pas une seconde que les conseillers de son homologue connaissent le texte de la même manière. Il en parlera d'ailleurs discrètement avec Felipe Calderón dans trois jours à Mexico.

Mon père n'en revient pas. « Nous sommes à vos côtés, je vous l'ai toujours dit. » Le téléphone sonne et le président semble parler à son épouse. Il lui dit qu'il est en compagnie de mon avocat et de mon père, il lui explique ce qu'il vient de dire, et...

— D'ailleurs, je vais te le passer.

Et voilà mon père au téléphone avec Carla Bruni. Mon père ! Je l'imagine... Un peu perdu, sans doute, mais elle a été si gentille, si douce qu'il s'est très vite senti à l'aise. Au point de se lever machinalement, et de tourner en rond, comme on le fait quand on téléphone et qu'on n'en finit plus de parler. Alors, le président plaisante :

— Bon, Bernard, vous allez me rendre ma femme ?

C'est une visite qui compte, tout de même. Mon père est touché. Carla Bruni lui a dit qu'elle avait pensé venir me rendre visite à la prison mais qu'elle ne le pourra pas. Son mari trouve que ce n'est pas une bonne idée. On ne sait pas comment la presse mexicaine interpréterait cette visite, il ne faudrait surtout pas que cela passe pour de la provocation.

Soit. Mais alors, avant de partir, très ému, il ne peut pas s'empêcher de dire :

— Monsieur le président, ce serait bien si vous reveniez avec ma fille…

Alors, Nicolas Sarkozy se lève, s'avance vers mon père et lui dit :

— Je ne reviendrai pas avec elle. Ils ne la relâcheront sans doute pas tout de suite.

Puis il le prend par les bras et, fermement :

— Votre fille passera l'été avec vous.

Mais Frank Berton a relevé une faille. La lettre de Felipe Calderón précise qu'il faut aller au bout du processus judiciaire pour appliquer la Convention de Strasbourg. Et admettre la peine, donc le principe de ma culpabilité.

— Florence ne le voudra jamais, Monsieur le président.

Il me connaît bien. Jamais je ne pourrai me résoudre à cela. Avouer ce que je n'ai pas fait – et surtout une chose aussi grave –, je ne le veux pas. À aucun prix. Je ne signerai pas, c'est déjà décidé.

— Si vous êtes d'accord, quand je serai là-bas, je l'appellerai. Et je la convaincrai.

Évidemment, ils sont d'accord. Frank ne me parle pas de cela, le soir, au téléphone, mais il me raconte tout le reste. Il m'a fait part de sa conviction : je ne pourrai jamais prouver mon innocence face à cette justice.

— C'est une mentalité d'Européen de croire qu'un jour ils vont se réveiller, ils vont voir, comprendre, admettre. Eux, c'est la manipulation, et face à cela on est désarmé.

Le président semble d'accord. Le climat est à la méfiance, et ils pensent que l'important est que je sorte de ce pays.

10

L'arrivée imminente de Nicolas Sarkozy jette une lumière crue et inattendue sur le Mexique. Ce qui devait être une rencontre d'hommes d'affaires, avec signatures de contrats ou d'accords réciproques, juste un resserrement des liens entre deux pays aux rapports sans nuages vire à l'affrontement tendu – et tout cela autour de mon cas. Dans la presse française, les articles décrivent l'état déliquescent dans lequel se trouve le Mexique, miné par la criminalité, et dont certains États échappent en grande partie à l'autorité et au droit. Les cartels sont très puissants, et certains d'entre eux seraient tenus par des personnages politiques de haut rang, à l'échelle fédérale ou dans les États. Des journaux ressortent les derniers rapports d'Amnesty International, qui fait état des assassinats en pleine rue – plus de trois mille, pour l'année 2008, dont beaucoup de policiers, mais aussi des magistrats, des hauts fonctionnaires et des journalistes.

Des équipes de télévision montent à la frontière des États-Unis, ou la ville de Ciudad Juárez est livrée aux gangs depuis plusieurs années. Des dizaines de femmes y ont été violées, torturées et finalement tuées, laissées sur les bords des routes, dans les années quatre-vingt-dix, sans qu'aucun des criminels ait été arrêté. Sauf un vieil Égyptien marginal qui a été présenté comme un monstre sanguinaire. Il a fini par mourir en prison à force de clamer son innocence. Depuis, les habitants ont pris l'habitude de se défendre seuls : plus personne ne sort sans arme à feu.

Les règlements de comptes sont quotidiens, et même l'armée ne réussit pas à rétablir l'ordre. À travers tout le pays, des organisations criminelles aux méthodes mafieuses construisent leur fortune autour d'un trafic de drogue à grande échelle en direction des États-Unis, gros consommateurs et insatiables demandeurs. Depuis quelques années, la terrifiante pratique du kidnapping s'est développée au point qu'on dit souvent, ici, avec un désenchantement rageur que c'est devenu un sport national. Ce ne sont plus seulement les entrepreneurs ou les chefs de gang qui sont pris en otage, pour leur fortune ou pour régler des comptes. Plus personne ne semble réellement à l'abri, depuis que les seconds couteaux, les hommes de main, ont recours à ces méthodes pour améliorer leurs revenus. Les leaders laissent faire : tout ce que leurs hommes gagnent ainsi, c'est autant qu'ils ne réclameront pas.

Ce n'est pas une peinture misérabiliste, délibérément sensationnelle, mais simplement la réalité. Felipe Calderón donne d'ailleurs deux longues interviews, dont une au journal *Le Monde*, où il explique les ramifications des cartels de la drogue dans la société mexicaine et la pression de la demande américaine sur leurs activités. Pour lutter contre une telle criminalité, Genaro Garcia Luna est aux premières loges. Mais depuis quelques mois, sa réputation est sérieusement écornée. D'abord, il paie les méthodes violentes et cyniques de sa police, et notamment de l'AFI, dont il a été le chef. La rafle d'Atenco, en mai 2006, au cours de laquelle la police a torturé et violé des habitants qui avaient eu le tort de poser des questions et de s'opposer à des arrestations trop violentes, ou encore le scandale de la « narcovidéo » ne font que renforcer les rumeurs, désormais ouvertement abordées dans les journaux, qui lient Garcia Luna et Luis Cardenas Palomino, son bras droit, au cartel de Sinaloa, l'un des plus cruels du pays.

Nicolas Sarkozy doit d'abord séjourner avec son épouse dans une maison du bord de mer, du vendredi 6 mars au soir au dimanche 8, avant de rentrer à Mexico, afin de passer une soirée privée en compagnie du couple présidentiel mexicain. C'est là qu'ils doivent évoquer mon cas. J'attends ce moment avec fébrilité.

La surprise, c'est le vendredi soir. La divine surprise. On m'appelle en bas parce qu'un visiteur m'attend. En fin de journée. Ce n'est ni l'heure ni le jour des visites. Je suis surexcitée, je me demande ce qui va m'arriver. Je sais que les époux Sarkozy sont arrivés, je pense à Carla, je sais qu'il faut m'attendre à tout. Et je vois un homme au bout du couloir encore plus excité que moi. C'est un type de l'ambassade. Il me tend juste un papier avec un numéro de téléphone que je dois composer tout de suite. Je dois appeler le président !

— Vite ! Vite ! me dit l'homme, et il me pousse vers le téléphone mural.

J'ai du mal à appuyer sur les touches. Il me dit de me calmer – ça lui va bien de me dire ça ! Nous sommes là tous les deux dans un couloir désert, nous écoutons les sonneries du téléphone en n'y tenant plus, et soudain on décroche :

— Bonjour, c'est Florence Cassez.

— Ne quittez pas.

Je serre le combiné, je le colle le plus possible contre mon oreille, je ne vois plus rien de ce qui se passe autour de moi.

— Allô, Florence ? Nicolas Sarkozy à l'appareil. Comment allez-vous ?

Je reconnais sa voix. Quel choc ! Je tombe. Je tombe ! Pas physiquement, bien sûr, mais j'ai l'impression que mes jambes s'enfoncent dans le sol et que je suis seule au monde, enfin uniquement avec le président qui me parle au téléphone, et qui va peut-être évoquer ma libération. Je ne dois pas manquer un seul de ses mots.

— Il est important pour moi de vous parler. Je viens d'arriver au Mexique et je veux vous dire que je ne vous laisserai pas tomber, Florence.

Et je m'entends lui répondre :

— Oui, Monsieur le président, oui, Monsieur le président.

C'est tout ce que je sais dire ! J'ai perdu mes mots, mes répliques... Moi qui n'ai pas ma langue dans ma poche, je suis comme bloquée, et ce n'est même pas consciemment que je lui réponds ces pauvres phrases : elles sortent automatiquement et dans le téléphone je les entends comme si quelqu'un d'autre les prononçait...

— Florence, il va falloir que vous me fassiez confiance. J'ai un plan en tête, je crois qu'on vous en a parlé. Pour commencer, il faut que vous acceptiez le rapatriement.

Là, je retrouve ma voix :

— Je ne suis pas d'accord !

J'ai dit cela spontanément et il a bien compris. Je lui explique qu'il est trop difficile de me résoudre à reconnaître ma culpabilité, que j'y pense depuis plus de trois ans et que je ne suis pas prête à lâcher comme cela.

— J'insiste, Florence. Je vous le répète : il faut que vous me fassiez confiance.

Il a dit cela doucement mais fermement, comme on l'entend souvent s'exprimer à la télévision. Je suis un peu secouée parce que, cette fois, c'est à moi qu'il s'adresse et j'en perds un peu de ma conviction, je ne sais plus ce que je dois penser. J'ai surtout envie de ne pas répondre maintenant, de réfléchir encore à tout cela, mais pour l'instant cela m'est impossible. Je suis tout entière captivée par ce qui m'arrive, concentrée, à l'affût de chacun de ses mots. Et je l'entends me dire que mon père est un homme formidable, et...

— Florence, c'est comme si vous faisiez partie de la famille. Je vous sortirai de là.

C'est quelque chose, tout de même ! J'ai envie de le croire, moi. Ce sont exactement les mots que j'avais envie d'entendre de la part du président de la République. J'en avais envie, mais je n'osais même pas espérer qu'il me parlerait ainsi. Et ce n'est pas fini !

— Carla voulait venir vous voir à la prison, mais ce ne sera pas possible. D'ailleurs, je vais vous la passer, elle va vous expliquer.

Une petite voix, douce, craquante, pleine de sentiment et d'attention, reprend la conversation. Elle me parle d'abord de ma santé et, comme son mari me l'avait dit, elle m'explique :

— Je voulais venir, mais Nicolas me le déconseille. Je suis très déçue, mais il me dit que cela te ferait plus de mal que de bien. On ne sait pas comment cela serait perçu par l'opinion mexicaine.

Elle m'a tutoyée. Elle me fait craquer, je pleure. Nicolas Sarkozy, ce n'est pas pareil : c'est le président, je ne peux pas lui faire perdre son temps. Elle, c'est plus amical, une barrière est tombée.

Elle me repasse son mari. Il répète alors que je dois lui faire confiance, que je ne dois pas écouter tout ce qui se dira pendant son séjour et qu'il faudra peut-être que lui-même laisse dire certaines choses. OK, j'ai compris. Je suis capable de tout entendre, s'il le veut. Pourvu qu'il me tire d'ici, je veux bien qu'il laisse dire ce qu'il veut.

Quand je raccroche, j'ai l'impression, avec tous les mots que j'ai entendus, avec le ton qu'ils ont employé, que je parlais à un oncle et une tante. Il y a ce type que j'avais complètement oublié, le gars de l'ambassade, avec une tête plutôt sympa, qui me regarde fixement. Mais il ne me dit rien, et pendant que j'allume une cigarette il s'en va. Il faut que je remonte tout ce couloir, avec la grande salle des visites sur la droite et les fenêtres qui donnent sur la cour fermée de l'autre côté, ce long couloir aux murs fatigués, au carrelage bosselé, mais cette fois je ne vois rien de tout cela. La vie est belle, je suis sur un nuage. Je rentre dans ma cellule et je réalise à peine que je viens de parler au président. Des chocs émotionnels, j'en ai eu depuis trois ans, et pourtant celui-ci m'a complètement bouleversée.

C'est une chose de savoir que mes parents sont reçus à l'Élysée, une autre que d'entendre le président en personne, avec sa voix si singulière, si souvent entendue, me parler comme si j'étais son amie, comme si j'étais une proche ; il ne peut pas savoir à quel point il m'a touché. Il m'a regonflée, c'est sûr, avec lui, avec toute cette détermination qu'il a pour moi, je vais m'en sortir. Il m'a bien dit : « Je ne vous laisserai pas tomber. » Et : « Il faut que vous me fassiez confiance. » Ces mots-là sont gravés en moi, je le sais déjà ; il ne réalise pas à quel point ils m'aident, ces mots, à quel point ils me portent, et combien de fois je vais réécouter leur chanson. De telles personnes ne se rendent pas compte de leur force. Après des moments comme ceux-là, on ne peut pas y échapper : on rêve, on flotte, et forcément, quand on retombe, ça fait mal.

Le lendemain, la directrice m'appelle et me demande si j'ai appelé le président français. Il m'a dit que c'était secret, évidemment. Alors je serre les poings, comme un bon soldat qui ne veut pas lâcher, qui ne trahira pas, et je jure que ce n'est pas vrai :

— Vous pensez bien que je serais fière de vous le dire !

Je ne suis vraiment pas crédible parce que, encore une fois, je ne sais pas mentir. Je mens comme une enfant et elle ne me croit pas une seconde.

— Florence, tu as appelé ton président…

Rien à faire, je dois être à la hauteur, je ne lâcherai pas. Elle me regarde longuement, elle ne dit plus rien mais je crois qu'elle a compris que j'ai promis la discrétion. Elle me laisse partir, je n'ai pas avoué, j'ai tenu avec tout l'aplomb dont j'étais capable, et la semaine suivante ce coup de téléphone fera la une des journaux.

Il m'a promis qu'on se rappellerait le lendemain soir, après leur entrevue chez les Calderón, mais le lendemain je ne vois personne venir. Je l'ai espéré, pourtant, ce type de l'ambassade, mais la soirée passe et je n'ai pas de nouvelles. Évidemment, parce que c'est dans mon caractère, je me force à croire que ce n'est pas grave, juste un contretemps, une impossibilité ; mais la vérité, ce jour-là, est que l'entrevue ne s'est pas passée comme le souhaitait le couple Sarkozy. Felipe Calderón a été glacial dès que la conversation a glissé sur mon cas, ou plutôt dès que Nicolas Sarkozy a essayé de faire glisser la conversation dessus. Le président mexicain était fermé, absolument pas décidé à évoquer mon dossier, et Nicolas Sarkozy a bien dû admettre que ce serait plus difficile que prévu. En rentrant, il a donc décidé de ne m'envoyer personne à la prison pour me demander de l'appeler ; après tout, il lui restait la journée du lundi pour tenter de faire avancer les choses.

C'est une longue journée. Très longue. Un lundi de printemps à Mexico, chaud, avec un soleil de plomb. Après des rendez-vous avec le milieu économique, les discussions et les signatures ou engagements des hommes d'affaires, les deux présidents doivent donner une conférence de presse, dans la cour du palais, devant des dizaines de journalistes. Je suis là, toute seule, dans ma prison de la banlieue populaire et colorée, entre les murs un peu froids et sales… et toute cette agitation, avec les cortèges de limousines, les rues barrées et les sirènes des motards qui hurlent, c'est en partie à cause de moi. Le matin, les journaux ont redoublé d'articles sur mon histoire, d'accusations reprises de l'époque où j'ai été condamnée, et les représentants des associations de victimes crient à l'ingérence de la France dans les affaires internes du Mexique. Ils ont du poids, ces gens, auprès de la population mexicaine, parce que tous les leaders de ces associations ont vécu l'enfer du kidnapping. Soit eux-mêmes, directement, soit quelqu'un de leurs proches, un fils, un frère, qui s'en est sorti ou qui est mort, et c'est avec des accents de désespoir qu'ils parlent à la presse. À mon corps défendant, parce que je les comprends, moi, ces gens qui ont souffert, je suis devenue un peu le symbole de leur douleur, aujourd'hui que le gouvernement mexicain a tout fait pour que je sois présentée comme un monstre. Isabel Miranda de Wallace, une de ces femmes réputées, très écoutées au Mexique, s'est lancée dans une véritable croisade contre moi, en ces jours de visite présidentielle où les Mexicains ont bien compris que Nicolas Sarkozy était venu pour m'arracher à leurs prisons. Ils ont bien compris aussi qu'il aurait, quand je serai rentrée en France, la possibilité de réduire ma peine, et même de l'annuler. Et c'est exactement ce qu'ils ne veulent à aucun prix. Voilà ce qui s'étale dans les journaux, à grand renfort de photos, de visages éplorés, de tous ces gens qui crient à l'injustice, au scandale, parce que pour eux ma culpabilité ne fait aucun doute. Ils ne se posent même pas la question de l'existence de cette bande des Zodiacos dont aucun autre membre n'a été arrêté. Genaro Garcia Luna a habilement et discrètement rappelé son message de fermeté, réaffirmé sa poigne autour de moi, son seul trophée, et Ezequiel est revenu comme par enchantement donner des conférences de presse aux côtés de Mme de Wallace : voilà tout ce qui compte. Le peuple y croit, je suis Florence la diabolique, Florence la Française, la kidnappeuse d'enfants.

Nicolas Sarkozy a du pain sur la planche. Je ne sais pas comment il va s'y prendre, je sais juste qu'il va le faire. J'ai encore ses mots en tête, et cette détermination qu'il a réussi à me transmettre. Je crois en lui, voilà tout. C'est vrai : ce voyage présidentiel est complètement imprégné de l'histoire de Florence Cassez. Les médias mexicains, les médias français, qui ont envoyé de nombreux journalistes, et même les officiels… tout le monde parle de moi, tout le monde se demande lequel des deux présidents va faire plier l'autre. Il est évident pour tous qu'ils ne sont pas tombés d'accord et qu'un bras de fer s'engage. Les paroles de Frank Berton, après sa première visite à l'Élysée avec mes parents, me reviennent en mémoire : « Ce qui pourrait passer au-dessus de votre cas personnel, c'est l'intérêt du pays. »

Dans l'après-midi, je vois les images de la conférence de presse dans les journaux télévisés. Les deux présidents côte à côte, chacun à son pupitre, chacun à sa manière, parlant de moi devant des dizaines de journalistes, de caméras et de photographes. Nicolas Sarkozy semble vouloir dédramatiser, Felipe Calderón reste ferme et rappelle que je suis condamnée, donc coupable. Je les entends annoncer la mise en place d'une commission chargée de travailler sur la question de mon transfert en France. Ce n'était pas prévu, ça. J'ai l'image, j'essaie d'écouter et de comprendre parce que le poste est loin, mais j'ai en même temps au téléphone ma mère qui me dit de faire mes valises parce que je vais être transférée dans une autre prison. Peut-être pas tout à fait une prison, si je comprends bien...

— Il existe un autre lieu de détention, ce sont des appartements, tu seras mieux...

Je n'ai pourtant jamais entendu parler de ça. Ensuite, on voit Nicolas Sarkozy et son épouse au lycée français, accompagnés par tous les chefs d'entreprise ; le président prononce encore un discours, et puis le voilà au Sénat, devant la prestigieuse assemblée pour ce qui doit sans doute être le moment le plus solennel de sa visite. C'est comme cela que je le vois, en tout cas. Il ne parlera sans doute pas de moi ici. Mais le journaliste parle de l'aplomb du président français, de la surprise des sénateurs mexicains, et laisse parler les images. Je le vois, à la tribune, le regard brillant : « Puisqu'on m'a discrètement recommandé de ne pas parler de Florence Cassez, je vais commencer par vous parler de Florence Cassez... »

Je n'en reviens pas. Je vois bien que les Mexicains sont troublés, mais je ne pense pas à ça. Je suis transportée d'excitation et d'admiration, aussi. Cela me plaît vraiment !

Après son intervention, j'ai de nouveau Frank Berton au téléphone. Il est encore trop tôt pour tirer des conclusions, mais il comprend que cette commission, à laquelle on ne s'attendait pas, c'est pour gagner du temps. Il me dit aussi que quelqu'un va venir m'expliquer. Il parle légèrement, je sens que sa voix n'est pas inquiète ou préoccupée comme elle l'est parfois. Il me dit même :

— Faites-vous belle, Florence.

Le soir, quand on m'appelle en bas, je vois arriver un jeune gars sorti d'un magazine. La classe, un sourire charmant, je demande ce qu'il me veut, mais c'est tout bonnement l'un des conseillers les plus proches de Nicolas Sarkozy. Il s'appelle Damien Loras et il est porteur d'un message clair : « Nous avons laissé dire des choses que nous ne pensons pas, Florence, mais c'était mieux ainsi. N'oubliez pas : nous sommes convaincus de votre innocence. Le reste, c'est de la stratégie. »

Il me dit aussi que la commission nous aidera à gagner du temps, afin que tout cela s'aplanisse. Avant qu'il s'en aille, je sais déjà que je n'oublierai pas ces belles paroles, que je m'en souviendrai tous les matins en me réveillant. Surtout ces trois mots qu'il m'a répétés : « Espoir. Confiance. Courage. »

Mais le lendemain matin, je vois bien que rien ne s'aplanit. Le compte rendu de la visite du Président, dans les journaux mexicains, revient sur ce qu'il a dit à mon sujet, regrette qu'il n'y ait pas eu plus d'échanges économiques ou politiques, et s'indigne de ce que la plupart des journalistes considèrent comme une ingérence dans les affaires intérieures du pays. On défend la démocratie mexicaine comme rarement, on vante l'indépendance de la justice, et le plus fort vient sans doute de *La Jordana* dont le titre de l'éditorial claque en première page : « Honte nationale ! ».

On n'a pas fini de devoir gagner du temps…

La colère mexicaine va durer, c'est évident. Entre les deux présidents, à l'évidence quelque chose est rompu. Ils ne se font plus confiance et sont engagés dans une bataille personnelle, aucun des deux ne veut plus lâcher. Devant l'opinion mexicaine, la presse continue de s'indigner, mais en France, on rappelle que c'est bien la décision de rendre le jugement en appel quatre jours avant l'arrivée de Nicolas Sarkozy à Mexico qui a tout déclenché. Des deux côtés, on parle de provocation. Une fois de plus, je suis perdue, et j'ai vraiment peur que ma situation ne s'arrange pas. Est-il encore nécessaire que je signe la reconnaissance de ma culpabilité ? Plus personne ne m'en parle. Le dernier à me l'avoir demandé est le conseiller du président, mais depuis je n'ai plus de nouvelles et mes avocats me conseillent de ne pas aller trop vite. Je pense à tout cela à longueur de journée, et la nuit je dors mal. J'essaie tant bien que mal de résister, de me remémorer tous les mots du président, mais je sens une immense tristesse m'envahir et le découragement reprend le dessus. De toutes mes forces, je tente de me battre contre la dépression qui guette, mais elle est trop forte ; je pleure à nouveau sans cesse et je suis submergée par la peur de ce qui peut m'arriver. D'un bout à l'autre du pays, les journaux racontent des histoires de détenus retrouvés morts dans leur cellule. Pas seulement les journaux : en prison, ces histoires courent aussi les couloirs, et je ne peux m'empêcher de me dire qu'avec la réputation qui est la mienne ici, il n'y aurait pas grand monde pour s'émouvoir s'il m'arrivait un accident. Frank Berton est de mon avis, et dans la presse française, son leitmotiv, ces jours ci, c'est : « Ma principale préoccupation, en ce moment, c'est la sécurité de Florence. »

Après la visite présidentielle, j'ai maintenant l'impression d'être seule ici, loin de tous les miens qui me soutiennent de l'autre côté de l'Océan. Isolée dans un pays où tout le monde m'est hostile, où il peut m'arriver le pire chaque jour. Je craque à nouveau. J'essaie pourtant de repenser à cette lettre dont m'ont parlé Frank Berton et mes parents. Une lettre secrète, me disent-ils, mais tout de même le président Calderón y proposait bien de lui-même l'application de la Convention de Strasbourg, alors que personne ne lui avait encore rien demandé. Aujourd'hui, il semble y être si farouchement opposé…

Je n'y comprends rien, mais on me suggère que l'explication est probablement très simple. Sans doute le président mexicain était-il sincère, au mois de février, quand il a écrit à Nicolas Sarkozy. Il n'avait aucune raison de lui être désagréable et tenait à nouer avec la France des relations cordiales, afin de sortir un peu de l'hégémonie américaine sur le plan économique. Le Mexique cherche à faire du commerce avec d'autres pays puissants, et non plus comme aujourd'hui de manière quasi exclusive avec les États-Unis. Mais s'il a changé d'avis en quelques semaines, c'est que quelqu'un l'a incité à cela. Et de nouveau, on m'indique Genaro Garcia Luna, qui semble décidément avoir une immense emprise sur beaucoup de monde, son président y compris. C'est trop lourd pour moi. Je regarde les murs de ma cellule des heures entières, je reste au lit sans pouvoir rien faire d'autre que pleurer et me dire que je vais passer ma vie ici...

Chaque jour, les journaux ou la télévision ont quelque chose à dire à mon sujet. Rien de forcément très nouveau, mais il est beaucoup question de la commission binationale qui doit en principe réfléchir à l'application de la Convention de Strasbourg. Je n'y crois pas une seconde, après tout ce qu'on m'a dit, mais les journalistes s'y intéressent de près, apparemment. Les deux présidents ont annoncé la remise de propositions dans les trois semaines, alors la presse décompte. Si c'est pour attendre que la tension retombe que l'on parle moins de moi, c'est complètement raté. Les travaux de cette commission sont très secrets. Côté français, je sais que Jean-Claude Marin, le procureur de la République de Paris, qui était déjà venu avant le voyage de Nicolas Sarkozy, est associé à Daniel Parfait, le nouvel ambassadeur de France à Mexico. Mais rien ne filtre de leurs travaux. Rien d'encourageant, en tout cas, car les journaux mexicains laissent tous entendre que la décision ne fait aucun doute. Au bout d'un mois, on n'a toujours rien. Alors *La Jordana* croit pouvoir annoncer la première que la réponse de son pays sera un refus clair et net de mon transfert en France et l'approuve par avance. D'autres le feront, ensuite, sans qu'on sache d'où ils tiennent leurs informations. Les nouvelles ne sont pas bonnes, décidément.

En France, Frank Berton s'énerve de tout cela. À la mi-avril, il annonce qu'il compte déposer une plainte contre Genaro Garcia Luna devant la justice française, pour falsification de preuves et mensonge, au sujet du montage de mon arrestation. Une déclaration de guerre. Cela pourrait entraîner une enquête. Pas sur le sol mexicain, mais cela empêcherait sans doute le ministre de voyager. En France, bien sûr, mais aussi en Europe – et notamment en Espagne, où il se rend régulièrement, dit-on –, et peut-être même dans tous les pays avec lesquels la France a un accord de coopération judiciaire qui permettrait de l'interpeller, voire de l'extrader vers la France. Je trouve que c'est un sacré coup. Mais Me Berton me dit qu'il faut auparavant réunir les preuves établissant que mon arrestation a bien eu lieu le 8 décembre, et non le 9. Avec cela, il peut en outre demander à l'État français d'engager un recours devant la Cour de justice internationale de La Haye, au motif que la Constitution mexicaine a été violée, dans son article 16 qui précise que toute personne interpellée doit être immédiatement présentée à un magistrat. En effet, si on prouve que j'ai été arrêtée le 8 décembre, c'est bon pour moi, puisque les documents de ma présentation à la *Siedo* sont datés du 9, en milieu de matinée.

Tout cela me fait chaud au cœur, bien sûr, et je lis attentivement les coupures de presse que l'on m'envoie de France, avec la détermination et l'œil mauvais de mon avocat en photo, mais je ne peux m'empêcher de me dire que tout cela prendra encore des mois. Je suis lasse, tellement lasse…

Au moins, la France ne me laisse pas tomber. Au début du mois de mai, Thierry Lazaro revient à la charge à l'Assemblée nationale, avec une question au gouvernement pour savoir ce qu'il advient de cette commission qui tombe tout doucement dans les oubliettes mexicaines. Cette fois-là, pourtant, quand Thierry se lève, quelques députés s'agacent qu'on revienne encore sur le sujet et il faut toute son autorité – il rappelle d'une phrase sèche : « Il s'agit d'une innocente, chers collègues ! » – pour que le silence se fasse à nouveau. C'est Bernard Kouchner, ministre des Affaires étrangères, qui répond, très diplomate lui aussi. Il reconnaît que le délai est largement dépassé, mais se veut optimiste :

— Il s'agit d'aplanir les difficultés entre le droit français et le droit mexicain. Les peines ne sont pas les mêmes et il faut parvenir à un accord. Convertir celle qui a été prononcée là-bas de manière acceptable pour le Mexique.

C'est donc ça, le problème. Les Mexicains ont appris que la plus haute peine prononcée en France est de vingt ans pour ce type d'accusation. Ils ne l'acceptent pas. C'est soixante ans ou rien ! Or, une peine de soixante ans, ça n'existe pas, en France. On ne parle même plus de grâce présidentielle, évidemment. Au contraire, il semble que les représentants mexicains de la commission binationale ont laissé entendre qu'il leur faudrait également un écrit de Nicolas Sarkozy dans lequel il s'engagerait à ne pas me gracier.

Rien. Ils ne lâchent rien. Ils m'ont dans le creux de leur main et cherchent à me broyer petit à petit. Je suis anéantie. Voilà le peu que je suis devenue : je suis innocente et deux présidents en sont à se disputer pour savoir si je dois rester soixante ans ou vingt en prison ! Mon avocat me dit qu'il ne se passera rien avant les élections législatives du 4 juillet prochain, mais il semble espérer qu'à ce moment-là, peut-être, il pourrait y avoir une ouverture. Mais c'est dans deux mois ! Il ne se rend pas compte. C'est une éternité pour moi, deux mois. J'avais cru que c'était enfin arrivé, moi, on me l'avait laissé espérer, alors je m'étais laissé envahir par l'espoir, c'est tellement bon quand on va mal. Et voilà que je retombe une nouvelle fois.

11

De nouveau, je reste des heures entières au fond de mon lit, apeurée, incapable de trouver l'énergie de faire quelque chose. Comme si j'étais à l'abri sous la couette, dérisoire protection contre le monde qui m'entoure et qui m'en veut.

Je sens bien que quelque chose va se passer. La tension est si forte, et les mots si durs. Chaque fois que la situation s'est aggravée de cette manière, j'ai pris un coup sur la tête. Chaque fois qu'une partie de la presse et de l'opinion semblait me soutenir, ou au moins exprimer ouvertement quelques doutes, les accusations se sont durcies, même au prix d'interventions invraisemblables – cela ne dérange pas le pouvoir mexicain.

C'est une forme d'escalade. En France, le soutien est plus important, plus ouvert, depuis ma condamnation en appel. Du coup, œil pour œil, dent pour dent, la pression se fait plus forte ici. D'autant que certains journalistes, progressivement, émettent des doutes sur l'honnêteté de l'enquête qui m'a accablée. Certainement pas une majorité, mais des professionnels reconnus, parfois des éditorialistes hautement respectés, et le gouvernement comprend le danger. Il ne faut à aucun prix que l'opinion publique se retourne. À aucun prix, on ne doit laisser sortir dans la presse les éléments du dossier qui contredisent la version officielle. Je dois rester Florence la diabolique, Florence la Française, la ravisseuse d'enfants. La visite de Nicolas Sarkozy est encore dans tous les esprits. La question de Thierry Lazaro à l'Assemblée nationale est relayée jusqu'ici. L'espoir exprimé en France que la commission puisse accorder mon transfert agace profondément le Mexique. Alors, un matin, un nouveau coup de massue s'abat sur moi. À la télévision, apparaît un homme sans âge, pas très vieux mais blafard, tremblant tellement qu'on ne sait le décrire précisément, et ce n'est pas la lumière crue sous laquelle il est filmé qui arrange les choses. C'est une apparition étrange que cet homme dont on ne sait rien de précis. D'où sort-il ? Qui est-il ? D'une voix incertaine, il répond aux questions d'un autre homme qu'on ne voit pas, et semble par moments lire ses réponses. On dirait une scène de mauvais théâtre.

Il dit s'appeler David Orozco Hernandez, trente-sept ans, marié. Commerçant et… ravisseur. Dans la séquence qui sera montrée des dizaines de fois à tous les Mexicains, il dit fébrilement qu'il a fait partie du même gang qu'Israël, avec ses frères et ses neveux. Il dit encore qu'il aurait participé à quatre enlèvements, donne des sommes, apparemment au hasard, qu'il aurait touchées pour cela et en vient à moi :

— La Française était la fiancée d'Israël Vallarta. Avec lui, elle planifiait les enlèvements, et même si le plus souvent elle surveillait les personnes détenues, il lui arrivait de participer à leur capture. Dans la bande, les choses se sont gâtées entre nous parce que, progressivement, c'est elle qui a pris le dessus, qui est devenue le chef.

Je suis stupéfaite. Ce témoin tombé du ciel dit être le « Geminis » de la bande des Zodiacos, celui qui s'appelait Ricardo dans le rapport de police et Gilberto dans les aveux reçus d'Israël, alors qu'il était torturé, comme le dit l'expertise médicale de décembre 2005. Voilà qu'il s'appelle David, maintenant ! Ce n'est pas la crédibilité de son apparition qui m'inquiète, elle ne tient pas la route une seconde. Un véritable malaise s'installe dans la presse et chez ceux qui ont vu cette pantalonnade à la télévision. Comme le dit Agustin Acosta, mon avocat mexicain, « c'est une gifle à l'intelligence, en même temps qu'une gifle à l'État français ».

Qu'on présente un montage aussi grossier – cet homme lit un texte, se fait dicter ses réponses, c'est évident – pour contrecarrer l'action de la France constitue une nouvelle provocation. Comme si le message envoyé devait faire comprendre qu'on peut se permettre cela, ici, et que la France n'y peut rien – et moi encore moins.

Ce type a été arrêté en même temps qu'un frère et deux neveux d'Israël. Je les connais, moi : ce sont de braves types, des mécaniciens qui vivent chichement, entre eux, en famille, et qui travaillent dur. Si ces gars-là commettent des enlèvements, s'ils gagnent de l'argent de cette manière, je ne sais pas ce qu'ils en font. Ils sont bien bêtes, alors, de vivre dans leurs pauvres appartements, dans leurs petites maisons sans grand confort, à travailler comme je les ai vu faire. De les savoir en prison, eux aussi, cela me fait quelque chose.

En revanche, je ne pense plus jamais à Israël. Je ne pense qu'à moi. J'ai réussi à chasser la haine que j'éprouvais, c'est déjà ça. Elle me rongeait de l'intérieur, je devais m'en débarrasser. On me dit parfois qu'il n'est peut-être pas coupable, lui non plus, après tout. Alors, ça, ce serait le mieux. C'est tout ce que je souhaite. Au moins, je n'aurais pas à me demander toute ma vie pourquoi je n'ai rien vu. Je n'aurais pas à être pour toujours la cruche qui ne s'est pas rendu compte que son mec était un ravisseur d'enfants. S'il est innocent, cela m'évitera d'aller voir un psychiatre. C'est le plus beau cadeau que pourrait me faire la vie.

En attendant, voilà que je fais à nouveau la une des journaux. Garcia Luna avait vraiment besoin de renforcer coûte que coûte son dossier d'accusation, c'est évident. Agustin est révolté. Il est de mon avis :

— L'opinion publique commençait à évoluer, ici. Pour le gouvernement, c'est une manière de frapper un grand coup et de préparer l'annonce du refus du transfert.

Ils sont implacables. De plus en plus fort, de plus en plus aveuglément, ils cognent pour m'enfoncer et je crois qu'ils sont peu à peu en train d'y arriver. Cette idée qui m'était déjà venue, sournoisement, et que j'avais toujours réussi à chasser me revient cette fois plus cruellement : j'ai envie d'en finir. N'importe comment, même rapidement, sans réfléchir, je veux que tout cela s'arrête. Je n'ai plus le courage, plus la force. J'en ai assez d'être humiliée, bafouée, de n'être plus rien du tout, de n'être même plus respectée par ces gens qui ne me connaissent pas, qui se sont simplement fait une idée avec ce qu'ils ont distraitement entendu et me tiennent aujourd'hui, définitivement, obstinément, pour une criminelle. C'est insupportable de vivre avec cela en tête. Et je pense que cela ne finira peut-être jamais. Pour la première fois, je me laisse envahir par cette horreur que j'avais toujours repoussée : ma vie entière en prison. Le reste de mon existence dans la peau d'un monstre, enfermée, réduite à rien d'autre qu'un corps qui bouge et qu'on n'écoute pas. Je n'en peux plus...

Au téléphone, mes parents, mon avocat, Jean-Luc Romero déploient des trésors de gentillesse. Je n'ai plus tellement le goût d'appeler, mais dans mes rares conversations avec eux, je sens bien qu'ils sont inquiets, et je n'ai pas la force de tenter de les rassurer. Je tiens debout, c'est déjà ça, et je me dis parfois que je vis les pires moments de ma vie et que cela ne pourra qu'aller mieux un jour. C'est une défense dérisoire, mais je n'ai trouvé que celle-là. Je ne sors plus beaucoup de ma cellule, je reste les yeux fixés au plafond à attendre – mais quoi ? – avec la télé en bruit de fond, pour ne pas entendre les cris de la prison, pour ne pas devenir folle, peut-être. Des jours, des semaines entières passent ainsi, et je ne prête même pas attention aux nouvelles qui passent parfois. Après d'autres journaux, c'est *El Excelsior* qui annonce le refus de mon transfert. Ils l'auront bientôt tous fait, mais je m'en moque et les autorités aussi, sans doute, puisqu'il n'y a toujours pas de position officielle.

Dans un journal télévisé de la fin de journée, que j'entends distraitement, on annonce une conférence de presse de Felipe Calderón, une sorte de déclaration officielle imprévue à quelques journalistes réunis autour de lui. Je me dis qu'il va peut-être parler de moi, puisque cela semble être à la mode. J'écoute avec un peu plus d'attention.

— Mesdames et messieurs les représentants des médias de communication, je vous remercie beaucoup d'être présents ici ce soir, car j'ai une annonce importante à faire aux Mexicains. Le gouvernement de la République est parvenu à la conclusion que les conditions lui permettant de donner son consentement au transfèrement de la ressortissante Florence Cassez vers la France, son pays d'origine, auquel fait référence la Convention de Strasbourg, ne sont pas réunies. Par conséquent, Florence Cassez exécutera sa condamnation à soixante années d'emprisonnement au Mexique, pour les crimes commis au préjudice de plusieurs personnes dans notre pays.

En fait, il ne parle que de moi. Depuis son palais présidentiel, dans une mise en scène très officielle, en direct sur l'antenne de Televisa et des plus grandes chaînes, à une heure de grande écoute. Il ne parle que de moi. J'en ai la tête qui tourne. Ce n'est pas l'annonce de son refus, je m'y étais tout doucement préparée, même inconsciemment, mais la solennité qu'il y met. « J'ai une annonce très importante à faire aux Mexicains. » Je suis écrasée.

Je l'entends encore dire que j'ai été « interpellée et jugée conformément au droit », et s'en prendre ouvertement, le regard froid et la voix dure, à mon pays :

— Le gouvernement français s'est prononcé afin de se réserver, pour lui-même, la compétence de prendre des décisions concernant la suspension ou la réduction de la peine ou les moyens de la faire exécuter. Cela ouvrait la possibilité que Florence Cassez ne purge pas sa peine conformément au jugement décidé par les autorités mexicaines, ou qu'elle la purgerait dans un délai significativement réduit. Pour le Mexique, cela est inacceptable.

J'ai beau être à moitié ivre de désespoir, j'ai encore l'esprit suffisamment clair pour comprendre qu'aucun message n'a encore été envoyé au gouvernement français, cette fois ouvertement méprisé. En parlant de la sorte, Felipe Calderón veut montrer à son peuple que la France a voulu le berner, le prendre pour un naïf et qu'il lui signifie aujourd'hui qu'il est le plus fort, le plus malin. Je ne m'en sortirai jamais.

Nous sommes à la fin du mois de juin, à quelques jours des élections législatives pour lesquelles les sondages promettent la défaite du PAN, le parti de Calderón. Même ici, on sourit de la manœuvre politique, mais je n'ai plus le cœur à sourire. Ce qui m'envahit, à cet instant, c'est la signification pour moi de ce que vient d'annoncer Calderón : soixante années ici, c'est mon arrêt de mort.

Frank Berton veut que nous continuions à nous battre. Qu'il continue s'il veut, moi je ne peux plus. Il dit aux journalistes que je suis devenue une otage politique, que ce sera maintenant à la justice internationale d'en décider ; devant le concert mondial des nations, il annonce de nouveau sa plainte contre Garcia Luna, dont il continue d'affiner les arguments, et le recours de l'État français contre l'État mexicain devant la Cour internationale de justice – de toute façon, au point où en sont leurs relations…

Je n'ai pas grand-chose à faire de tout cela. Frank veut que j'appelle Denise Maerker, qui me sollicite : alors je m'exécute. Et deux ou trois autres, aussi, qui me demandent des interviews. Je dis ce que j'ai sur le cœur, ma douleur, mon innocence, mon désespoir, sans y réfléchir avant, comme d'habitude, mais sans chercher à retenir mes larmes, cette fois, parce que, tout simplement, je n'en ai plus la force.

Trois ou quatre interviews, alors que j'en ai tant donné, depuis trois ans et demi. Trois ou quatre de trop, semble-t-il. Elles sont relayées dans l'opinion, dirait-on : mes mots et mes pleurs font un peu de bruit, remuent quelques consciences refusant de suivre aveuglément l'acharnement de Felipe Calderón. Pascal Beltrán del Rio, le très respecté directeur du journal *El Excelsior*, écrit une chronique cinglante et dénonce son gouvernement, qui perd selon lui toute crédibilité dans cette affaire. Le pénaliste Samuel Gonzales Ruiz dénonce l'incohérence dans le comportement de son pays. Ce sont autant de coups de semonce puissants que Felipe Calderón ne peut admettre, que Genaro Garcia Luna, sans doute, veut briser dans l'œuf, car il sent que l'opinion semble de nouveau touchée.

Œil pour œil, dent pour dent, la réponse ne se fait pas attendre. Un jeudi soir, vers vingt-deux heures, une escorte policière vient me chercher dans ma cellule. Au fond de moi, je panique à l'idée de ce qui peut m'arriver, mais je suis incapable d'exprimer cette terreur qui me prend et me paralyse encore plus. C'est ainsi depuis quelques jours : je ne peux même plus manger, je suis amorphe. Et c'est bien ce que je craignais de pire : ils m'emmènent et j'ai juste le temps d'attraper deux ou trois sous-vêtements et ma brosse à dents. Dans ce que j'entends des conversations entre les policiers et les gardes de la prison, il semble que c'est bien à cause de mes interviews, notamment à Denise Maerker. Évidemment, ce n'est pas ce qu'ils me disent, à moi. Officiellement, je change de prison parce que je ne vais pas bien et que je serai mieux surveillée où je vais, c'est donc pour me protéger de moi-même. J'ai compris : ils me ramènent à Santa Martha.

On est en pleine nuit. Revoilà le couloir sordide, l'ambiance de fin du monde qui règne ici, en dehors de toute vie normale, l'humidité, les rats et l'eau marron – quand il y a de l'eau. Et la violence. On me traite comme on l'a toujours fait ici, avec un mélange de mépris et de provocation, et on me fait entrer dans une cellule où une femme est déjà installée. Elle ne dort pas, elle me regarde entrer et se présente, vaguement menaçante mais fière de le dire aussi clairement : c'est « la Reine du Pacifique », la criminelle la plus célèbre du Mexique, et même des pays environnants, parce qu'elle a été arrêtée à la fin de l'année 2007, soupçonnée d'avoir monté un puissant réseau financier pour soutenir le trafic de drogue de la Colombie aux États-Unis. Depuis des années, tous les médias parlent d'elles, son arrestation a été une secousse énorme, et on dit que c'est sur l'ordre insistant des Services secrets américains qu'elle a enfin été coffrée. Un livre vient même d'être écrit sur elle. Je me souviens encore des images de son arrestation, où elle passait devant les caméras, souriante, très belle et sûre d'elle, sans doute confiante parce qu'elle sait qu'elle ne passera que quelque temps en prison – sauf si elle est extradée aux États-Unis, à mon avis.

Elle s'appelle Sandra Avila Beltran, c'est une des plus grandes narcotrafiquantes au monde et je suis là, avec elle, dans la même cellule !

Heureusement, elle m'accueille assez gentiment. Elle aussi sait qui je suis, et semble vouloir me rassurer, mais je suis incapable de lui dire un mot. Me revoilà à Santa Martha, c'est tout ce que je sais. Je vais peut-être finir ma vie ici. Alors sur le lit en fer où on m'a installée, les yeux pleins de larmes, je ne peux me dire qu'une chose : j'aime mieux ne pas vivre pour ne pas le voir. Ils ont gagné.

En France, on ne me laisse pas tomber, encore une fois. Je n'ai plus la force de me battre, mais d'autres l'ont pour moi, à commencer par mes parents, comme d'habitude, par Frank Berton et aussi le président, qui s'inquiètent auprès des autorités mexicaines de la signification de ce transfert inattendu. À l'ambassade, Daniel Parfait se manifeste et tient toute sa place. À la fin de mon premier jour à Santa Martha, il dit aux journalistes français installés ici qu'il est plutôt confiant : pour lui, je vais rentrer à Tepepan. Je crois que les autorités françaises ont fait valoir que j'avais été amenée là pour raisons médicales, suite à mes problèmes de dos, et la pression qu'ils exercent discrètement semble efficace. Toujours aussi amorphe, encore amaigrie puisque je ne mange plus depuis plusieurs jours et que je suis atteinte d'un virus qui m'affaiblit, je me laisse une nouvelle fois emmener. Mon séjour à Santa Martha n'aura pas été bien long, mais le message est clair : on peut m'y ramener à n'importe quel moment. C'est une manière de m'ordonner de me taire, de ne plus m'exprimer dans les médias, de ne plus exister, en quelque sorte. Que je purge là mes soixante ans et que je me taise, voilà ce que veut le gouvernement mexicain. Il veut une victoire totale.

Dans ma cellule, je découvre des barreaux aux fenêtres qui donnent sur le couloir. C'est nouveau. Officiellement, c'est pour permettre aux ouvriers de réaliser ces quelques travaux qu'on m'a amenée à Santa Martha. Quelle plaisanterie ! Des travaux, il y en a toujours, ici, et les filles sont alors simplement déplacées, il existe des lieux pour cela. De plus, on m'attribue une escorte permanente. Deux femmes se collent à mes basques, ne me lâchent plus, que j'aille à la salle des visites, aux toilettes ou que je descende ma poubelle. C'est invivable.

Au moins, je suis rentrée. Je n'ai plus le goût de vivre, mais ici on ne m'agressera pas. Pour que je comprenne bien ce qui pourrait encore m'arriver – comme si je n'avais pas compris... –, on me parle d'un long article, deux pages dans *El Universal,* où je m'en prends à Luis Cardenas Palomino et Genaro Garcia Luna. Ils n'ont sûrement pas apprécié. Des journalistes racontent d'ailleurs anonymement qu'ils ont subi des pressions, notamment par téléphone, pour cesser de parler de moi comme ils le font : en mettant en cause les preuves qui m'accablent. Ils ont été sommés d'en revenir à la version officielle, ou tout simplement de ne plus rien écrire du tout.

Garcia Luna ne redoute pas de s'adresser ainsi aux journalistes. C'est un pays dangereux, ici, pour ceux qui veulent faire leur métier avec courage. Anabel Hernandez peut en témoigner. Récemment, des équipes de télévision se sont approchées du domicile de Garcia Luna, pour enquêter sur la manière dont il a financé la construction de son habitation, qui leur semble suspecte. Le ministre les a fait arrêter en les accusant de préparer l'enlèvement d'un des membres de sa famille.

Je ne sais pas qui de Frank Berton ou de mes parents s'en inquiète le premier, mais ils sentent bien, tous, que je vais très mal. Ils vont être à nouveau reçus par Nicolas Sarkozy à l'Élysée, et cette fois ils font en sorte que je puisse appeler, participer, en quelque sorte, à cette réunion. C'est un jeudi, au tout début du mois de juillet. Frank me dit d'appeler à dix heures vingt, dix-sept heures vingt en France. Je ne tombe pas tout de suite dans le bureau du président et je m'inquiète un peu parce qu'on me passe de poste en poste. Enfin, je l'ai :

— Oui, Nicolas Sarkozy. Comment allez-vous, Florence ? Nous sommes dans mon bureau, avec Frank Berton, Thierry Lazaro et vos parents, je mets le haut-parleur.

Je perçois au ton de sa voix qu'il est agacé :

— Les choses ne vont pas comme nous le pensions, Florence. On se moque de nous !

Quelqu'un dans son bureau lui demande sans doute de ne pas en faire trop, mais il renchérit :

— Moi, Nicolas Sarkozy, je vous dis, Florence, que je ne vais pas vous laisser tomber.

C'est à cause des écoutes téléphoniques, bien sûr, que ses collaborateurs lui font signe de ne pas aller trop loin. Je le sais bien, que nous sommes sur écoute, et j'ai presque envie de le lui dire, moi aussi, mais il n'en a manifestement rien à faire :

— Oui, je sais que nous sommes sur écoute. Eh bien, qu'ils écoutent !

Et là, pendant deux minutes, il parle de Garcia Luna, dit son intention de l'attaquer en justice. Et j'écoute ça, cette détermination, cette manière de dire les choses avec tant de conviction : de nouveau, cela me transporte. C'est fou comme je me sens forte, d'un seul coup : je me sens protégée. C'est bête, mais je ne me sens plus en prison, dans ces moments-là. Je crois bien que je ferme les yeux.

En fait, quand je parle avec Nicolas Sarkozy, j'ai tellement envie de tout comprendre – il parle vite, je n'ai pas le droit de le faire répéter –, j'ai tellement peur de passer à côté de ce qu'il me dit, que je fais abstraction de tout ce qu'il y a autour de moi. C'est mon secret. Personne ne va savoir ce qu'il me dit. Quand je raccroche, je croise les autres détenues et elles ne savent pas : c'est ma protection, comme un voile autour de moi.

Je m'applique de toutes mes forces à bien retenir les mots, le plus précisément possible, pour les avoir encore en tête, les matins qui suivent, en me réveillant.

Le président est allé très loin, cette fois. Il a également parlé de Luis Cardenas Palomino, le bras droit de Garcia Luna, celui dont toute la presse dit qu'il a du sang sur les mains. On raconte ouvertement cet épisode, dans un taxi, où l'un de ses amis, à ses côtés, a tué de sang-froid le chauffeur parce qu'il n'avait pas de monnaie et que le pauvre homme lui réclamait avec insistance l'argent de la course. C'est Anabel Hernandez qui me l'a raconté. « Palomino a toujours couvert son ami », dit-elle. Et Nicolas Sarkozy, au téléphone, l'a sûrement dit exprès : « Nous savons ce qu'il a fait au chauffeur de taxi. »

Je repense encore et encore à tout cela, et je me dis que le président français était manifestement très en colère. Je ne sais pas très bien ce que je dois en penser, parfois. Il s'en est pris directement à l'État mexicain : « S'il faut que je dise que le Mexique est un pays hors diplomatie, je le dirai ! Il est inadmissible qu'ils n'appliquent pas la Convention de Strasbourg. »

Tout cela va-t-il encore me retomber dessus ? Peut-être pas, cette fois. C'est l'été qui arrive, et tout doucement on va m'oublier. Avant cela, peut-être en réaction à ce coup de fil écouté, revoilà Ezequiel à la télévision, avec Isabel Miranda de Wallace à ses côtés. Il n'a rien de neuf à dire, mais on lui a sans doute demandé d'enfoncer le clou. Décidément, il n'est pas très doué, parce que, en réponse à un journaliste qui lui demande s'il se souvient du jour de sa libération – sans doute veut-il le piéger sur l'histoire du montage au ranch –, il perd contenance et bafouille qu'il ne se rappelle plus.

— Vous souvenez-vous de l'heure, peut-être ? Était-ce la nuit ou le petit matin ?

— Désolé, on m'avait enlevé ma montre.

Il est une nouvelle fois à la limite du ridicule, mais cela ne semble pas contrarier les autorités, ni une partie de la presse qui fait ses choux gras de la conférence de presse. Pourtant, d'autres journaux se moquent et en profitent pour ressortir certaines incohérences de ses témoignages. Par exemple, on rappelle que le jour du montage, le 9 décembre au matin, quand on simule sa libération, il répond aux questions des journalistes qu'il est marié et père d'un petit garçon. Mais à la date de son enlèvement, son épouse était enceinte et n'avait pas encore accouché. Alors, comment sait-il que l'enfant est né, que c'est un garçon ? On lui a permis d'assister à l'accouchement ?

Les quelques secousses électriques de mes conversations avec Nicolas Sarkozy, ou avec Frank Berton quand il sent que je vais moins bien et qu'il durcit sa voix, me tiennent par un fil. Comme chaque été, c'est l'oubli total qui m'attend, mais je le comprends maintenant. Je dois me dire que la vie ne s'est pas arrêtée parce que Florence Cassez est en prison, que chacun a son existence, sa famille et que c'est la période des vacances. Tiens, je vais envoyer des cartes postales, pour montrer que je sais encore sourire. À quelques amis, ceux qui me soutiennent, juste pour les remercier de cela, une petite facétie. J'en reçois toujours autant, de mon côté. Après l'initiative de la mairie de Béthune, qui a demandé à ses habitants de m'envoyer une carte postale du beffroi – qu'est-ce que j'en ai reçu, avec tellement de mots gentils… –, c'est le comité de soutien, toujours à l'affût d'une initiative, qui lance l'idée d'une carte postale à mon intention, pour ceux qui partent en vacances d'été. Et je reçois à nouveau un courrier de ministre.

Mais c'est long, un été dans l'oubli. En septembre, je sais que je dois me reprendre : le psychologue qui me suit à la prison m'y pousse et il est toujours de bon conseil. Il est très gentil, lui. Je sais qu'il me comprend et j'ai même l'impression, parfois, qu'il croit en moi. Il ne me l'a jamais dit ouvertement, mais à quelques phrases, quelques insinuations, je me dis qu'il a la conviction que je suis innocente. Ou peut-être ai-je envie de le croire ? En tout cas, cela me fait beaucoup de bien de le voir régulièrement. Il est l'un de ceux qui m'aident à tenir, à ne pas sombrer définitivement.

Je fais des efforts et je suis récompensée. C'est Frank Berton, au téléphone :

— Je vais venir vous voir, Florence.

Chic ! Une petite semaine, sans doute, mais c'est déjà ça. Il me dit que nous allons travailler mon dossier parce que des journalistes installés ici, au Mexique, se sont penchés dessus et il semble qu'ils aient trouvé de nouveaux éléments qui plaident pour moi, en faveur de mon innocence. Je le sens agacé : il n'a jamais eu le dossier complet, qui est toujours resté chez Horacio Garcia, avec lequel je n'ai plus beaucoup de contacts. Et mon dossier n'a jamais été traduit en français, non plus. Il y a plus de dix mille pièces et les spécialistes disent que cela prendrait quatre ans et coûterait une fortune. Alors, Horacio Garcia a envoyé quelques pièces qu'il jugeait essentielles et que Frank s'est fait traduire. Mais voilà qu'on en aurait trouvé de nouvelles.

Quand il arrive, il se met au travail tout de suite.

— Je veux voir votre dossier, Florence.

Je vais chercher les pièces que j'ai en ma possession dans ma cellule, et nous voilà tous les deux, dans cette salle froide mais tranquille qu'on laisse à notre disposition, à éplucher des procès-verbaux d'interrogatoires, de dépositions, de témoignages, datant de 2005 ou de 2006. Ce que j'aime ça ! J'ai l'impression de revivre, une sorte d'espoir que je ne maîtrise pas s'empare à nouveau de moi, et je n'ai aucune envie de le freiner. Il y a si longtemps que je ne m'étais plus sentie vivante. Berton est agacé, soucieux, expéditif. Et cela me fait du bien.

Avant l'été, on avait déjà retrouvé une pièce essentielle, dans le dossier. Un tableau d'entrée et de sortie des locaux de la *Siedo*, où nous avions été amenés après le montage du ranch, le 9 décembre 2005. Ce tableau prouve que Cristina Rios Valladares et son époux sont venus dans les locaux de la police de Garcia Luna le 10 février 2006, soit juste après mon intervention au téléphone dans l'émission de Denise Maerker, et juste avant qu'ils changent de version à mon sujet. Il y a tout : leurs noms, leurs signatures et les heures : ils sont venus trois fois. De 11 heures à 12 h 15, d'abord. Puis une deuxième fois de 19 h 31 à 21 h 38, et enfin en pleine nuit, de minuit à 0 h 35. Entre deux, il est également fait mention d'un Cristian Hilario, c'est le nom de leur garçon, entre 11 h 28 et 16 h 39.

— C'est la preuve ! C'est la preuve ! dit Berton. Les policiers les ont convaincus de changer de version et de vous accuser. C'est pour cela qu'il n'a été fait aucun procès-verbal de ces rencontres. Que voulez-vous qu'ils y écrivent ? Qu'ils sont en train de fabriquer des faux témoignages ?

Je suis de son avis, bien sûr. D'autant que c'est également à partir de cette date que le couple et son enfant ont quitté le Mexique pour s'installer au Texas, d'où ils ont témoigné lors du procès.

Et Frank Berton continue de fouiller mon dossier, et de sortir des pièces. Une fois, deux fois, trois fois, il trouve des témoignages reconnaissant avec précision la maison de Lupita et Alejandro comme celle où les victimes ont été séquestrées. C'est d'abord Valeria Cheja Tinajero, une jeune fille de dix-huit ans, qui a été enlevée du 31 août au 5 septembre 2005. Pour celle-là, on ne peut pas m'en vouloir : à cette époque, j'étais en France, je suis rentrée le 9 septembre. Le 30 décembre 2005, les policiers l'emmènent dans cette maison à Xochimilco, et sa déposition est sans équivoque : « Je reconnais le portail de couleur verte, la grande cour, le rez-de-chaussée, je reconnais également la salle de bains où j'ai été séquestrée. Le sol, la couleur des murs, le lavabo, le miroir. »

Il est important, ce miroir, parce que c'est grâce à lui, en soulevant un peu le bandeau qu'elle avait sur les yeux, qu'elle a vu quelques instants l'un de ses ravisseurs, qu'elle identifie comme le chef. Un peu pus tard, la police lui présente une photo d'Israël, debout à côté de sa Volvo blanche, et elle dit que ce peut être lui. Elle croit même le reconnaître. En tout cas, elle est sûre d'avoir été enlevée dans une Volvo, même s'il lui paraît qu'elle était d'un gris clair.

Le 26 décembre, c'est Ezequiel qui est allé à la maison de Xochimilco. Sa déposition est exactement identique à celle de la jeune fille : « Je reconnais la maison comme celle où j'ai été enfermé. Je reconnais le portail métallique vert, le mur de ciment plat sans peinture, les fenêtres intérieures en aluminium de couleur noire. » Il va même jusqu'à reconnaître les couverts qu'il utilisait pour manger. D'ailleurs, deux jours plus tard, la police revient pour de nouvelles perquisitions et retrouve dans cette maison la carte d'identité d'Ezequiel, son permis de conduire, une carte de fidélité d'un grand magasin à son nom, ainsi qu'une carte de visite. À la même époque, Cristina Rios Valladares et son fils Cristian Hilario reconnaissent eux aussi la même maison comme celle où ils ont été séquestrés. Cette maison qui n'est pas le ranch, bien sûr, puisqu'elle s'en trouve à plus de trente kilomètres.

Frank, qui vient de sortir toutes ces pièces en se plongeant dans le dossier, est fou de rage :

— Pouvez-vous me dire pourquoi votre avocat n'a pas demandé à ce que Lupita et son compagnon de l'époque soient entendus, lors du procès ? C'est chez eux, cette maison, non ? Et ils n'ont jamais été inquiétés ?

Non, jamais. C'est vrai qu'Horacio Garcia a demandé une fois, oralement, à ce que Lupita, alors présente dans la salle, vienne témoigner, mais on le lui a refusé et il n'a pas insisté. Il n'a jamais fait de demande écrite. Pendant son séjour à Mexico, Frank demandera plusieurs fois à le rencontrer, mais Horacio Garcia lui a toujours fait faux bond.

Dans mon dossier que nous épluchons encore, rejoints par Agustin Acosta, nous trouvons d'autres choses incroyables. La déposition de Cristian Hilario qui dit avoir reconnu la voix de son cousin, un certain Edgar, pendant sa détention. Et sa mère confirme ! Un jour, cet Edgar aurait dit à l'un de ses complices : « Tiens, voici les médicaments pour ma tante. » Ils ne l'ont pas vu, bien sûr, puisqu'ils portaient un bandeau sur les yeux, mais ils ont reconnu sa voix. Et cette dame confirme qu'elle prenait bien un traitement, plusieurs comprimés chaque jour.

Cet Edgar est le cousin des deux frères José Fernando et Marco Antonio Rueda Cacho. Ils sortent ensemble, mènent une vie dissolue, volontiers hâbleurs et arrogants et sont les amis de... Israël

Vallarta et Alejandro Mejilla, le compagnon de Lupita. Autant la jeune Valeria que Cristina Rios Valladares ou Ignacio Abel Figuera Torres, un commerçant lui aussi enlevé fin 2005 et retrouvé mort malgré la rançon versée par son frère, tous racontent avoir rencontré les frères Rueda Cacho avant leur enlèvement. Le frère d'Ignacio Figuera les connaît lui aussi. Il y eut bien un mandat d'arrêt lancé contre eux, d'après le dossier, mais il n'a jamais eu de suite. Pourtant, tous les témoignages vont dans leur direction, et ils sont le seul point commun à tous ces dossiers : toutes les victimes les connaissent.

Je suis bien, là, avec mon avocat que je vois mobilisé, prendre des notes et s'agacer encore que rien de tout cela n'ait été produit lors de mon procès... Mais après tout, que peut-on encore en faire aujourd'hui ?

C'est comme cette histoire de cassette, revenue à la surface au printemps dernier. Ce sont les images de vidéosurveillance d'un supermarché sur lesquelles on verrait Cristina Rios Valladares faire tranquillement ses courses... deux jours avant sa libération devant les caméras au ranch d'Israël ! Ma mère en a parlé pour la première fois à Frank Berton au mois d'avril, alors Agustin Acosta et lui ont tout mis en branle pour la récupérer. Jorge Ochoa, mon premier avocat, qui prétend savoir qui la détient, en demandait trente mille euros. Ils ont tout tenté, mais Ochoa n'a jamais rien produit. Je n'y crois plus, moi, à cette cassette. Les pièces du dossier, oui, c'est du solide, mais je crains que ce soit trop tard.

Mes avocats ne veulent pas m'entendre dire cela. Avant que Frank Berton ne rentre en France, début novembre, ils viennent tous les deux à la prison me détailler les recours qu'ils entendent mener. D'abord, il reste l'*amparo* final.

— Il faut bâtir un dossier solide. Nous n'avons pas le droit à l'erreur, car c'est l'ultime recours. Si on ne gagne pas ce coup-là, c'est fini sur le plan de la justice mexicaine.

Ils souhaitent ensuite que l'État français engage une action devant la Cour internationale de justice de La Haye, au motif que la Constitution mexicaine a été violée, lors de mon arrestation, le 8 décembre 2005. Mais il n'existe aucun document écrit prouvant que c'était bien le 8. La police n'a pas été si bête, ou alors elle les cache, désormais, ces documents. Il n'existe que de frêles témoignages de personnes qui subissent peut-être des pressions. Nous n'avons que l'attestation de mon employeur, à l'hôtel Fiesta Americana, qui certifie que j'ai travaillé chaque jour, sans faute, jusqu'au 7 décembre. Et que je ne suis plus venue à partir du 8. C'est tout de même une pièce importante.

Il y a encore cette plainte contre Genaro Garcia Luna devant la justice française, pour falsification de preuves. Cela peut être dangereux, mais Frank Berton a l'air décidé à se lancer, et moi je n'ai plus rien à perdre.

Un recours va être présenté aussi devant la commission des Droits humains du ministère de la Justice, à Mexico, au motif que je n'ai plus le droit de contacter des journalistes. C'est tout à fait injuste, parce que les détenus en ont parfaitement le droit au Mexique, de même qu'il existe des téléphones libres d'accès dans toutes les prisons. Je suis la seule dans tout le pays à ne pas avoir le droit d'appeler qui je veux ! Et si je recommence, je repars à Santa Martha, c'est évident...

Enfin, un dossier va être monté et présenté à la Cour interaméricaine des droits de l'homme, l'équivalent de notre Cour européenne. C'est Agustin qui va s'en charger : il lui faut se rendre à Washington pour trouver un avocat spécialisé, et il compte même se lancer dans une formation qui lui permettrait de maîtriser cette procédure capitale pour moi. Une formation de six mois ! Imagine-t-on combien de temps tout cela peut encore durer ? Je suis ravie qu'ils aient encore autant d'énergie, et toujours la volonté, l'ambition de me sortir de là... mais quand cela finira-t-il par arriver ? Lorsqu'ils étaient tous les deux avec moi, dans la salle des visites de la prison, j'ai bien compris ce qu'ils me disaient : « Nous ne sommes plus dans le court terme, Florence. » J'ai encaissé sans broncher, devant eux, mais Dieu, que c'est dur à entendre ! J'ai déjà fait quatre ans, ici, je veux croire dur comme fer que je n'en ferai plus autant. Mais combien, alors ? Je veux croire que le plus difficile est derrière moi, si seulement je ne retourne pas à Santa Martha. Ce serait un comble : le pénitencier tombe en ruine, alors on évacue des détenues en ce moment. Beaucoup viennent ici. De cent vingt, l'effectif est passé à trois cent soixante en quelques mois. Les conditions se dégradent, du coup.

Je suis lasse, tellement lasse. De tous ces cris à longueur de journée, qui sont devenus comme un bruit de fond. Des frissons qu'ils me donnent parfois, comme lorsqu'ils viennent du sous-sol, ce fameux « trou » que toutes les détenues redoutent. Tout cela entre en moi et n'en sortira peut-être jamais. Je serai marquée à vie, j'aurai même sans doute beaucoup de mal à me réadapter.

Petit à petit, je lâche des choses. Je fais des concessions à ma résistance. Je me laisse pousser les cheveux, comme une marque du temps que j'ai passé en prison, et ils m'arrivent au bas du dos, maintenant. J'ai cessé de me maquiller. Fini les ongles vernis. Je ne me rase plus les jambes, non plus. On trouvait admirable que je m'accroche à cela ? Qu'est-ce que cela peut bien faire ? Je n'en peux plus d'être forte. Si c'est pour vivre ainsi...

Quand j'appelle chez moi ou que je téléphone à des amis, en France, je me demande s'ils s'imaginent le décalage entre nous. Eux, dans leurs salons, assis dans un fauteuil, et moi debout, contre le mur, ou assise à genoux par terre, avec le câble trop court du combiné, et des hommes qui passent parfois, des ouvriers par groupes de cinq ou six qui s'arrêtent, me regardent ouvertement en se poussant du coude et en riant – je suis humiliée. Et derrière le mur, ces cris de femmes, et tout autour, des mouches par paquets.

Alors, on me dit : « Tiens bon, un jour ce sera ton tour, tu verras. » Mais c'est insupportable, cette phrase ! Quand on ne pense qu'à cela, en mangeant, en dormant, c'est insoutenable. Cela fait trop longtemps que je suis en décalage avec le monde extérieur. Trop longtemps que j'ai l'impression que plus personne ne me comprend vraiment. Tout ce que je vis, tout ce que j'endure. Et maintenant, je suis conditionnée, c'est fait. Longtemps, je me suis battue contre cela, pour ne pas être comme les autres, et petit à petit j'ai lâché. Le système est trop fort. Avant, je ne laissais pas passer les injustices, la corruption, dans la prison. Je le disais haut et fort, maintenant je n'ai plus l'énergie. Et c'est exactement ce qu'ils veulent : que l'on fasse profil bas. Parfois, il vient des employés de l'administration pour réaliser des enquêtes et souhaitent nous parler. Quand ils me demandent pourquoi je suis là, je me force pour leur expliquer qu'on m'accuse injustement d'enlèvements, pour me défendre encore et m'acharner. Parfois, je suis tentée de répondre simplement : « Je suis là pour enlèvements. » Mais ils auraient définitivement gagné, alors. J'ai baissé les bras... Il me reste une seule richesse : mon innocence.

J'aimerais terminer par un message d'espoir. Je n'en ai pas.
En échange, est-ce que deux messages de désespoir vous iraient ?

Woody ALLEN

Remerciements

Je remercie Éric Dussart, Jacques-Yves Tapon, Frank Berton, Agustin Acosta, Horacio Garcia, Jean-Luc Romero, Thierry Lazaro, Frédéric Cuvillier.

Olivier et Sébastien, mes frères.

Mes deux grands-mères, Marie et Lucie, mes deux grands-pères, Maurice et Henri, qui me regardent de là-haut ; ma cousine, Anne-Sophie, ses parents et toute ma famille.

M. le président de la République, Nicolas Sarkozy, son épouse, Carla Bruni-Sarkozy et Damien Loras.

Daniel Parfait et Vera Valenza.

Ingrid, Astrid et Yolanda Bétancourt, Tony et Soraya, Gérard et Jamila, Anne et ses copines, Magalie, Géraldine et Neige.

Patrice et Fabienne, Frédéric S. et Karine, Anabel H. et Denise M., Starsky et Hutch, David, Michel et Sylvie ainsi que tous les amis du Canada, Frédéric et tous les artistes, Alain D., Yvan T., Carmen Salinas, mes amis belges et allemands. L'ensemble des journalistes, tous mes amis et anonymes qui me soutiennent partout en France, au Mexique et dans le monde.

Et enfin Pierre Féry, toute son équipe et mon éditeur Michel Lafon.

9565

Composition
PCA

Achevé d'imprimer en Espagne
par Litografia Rosés
le 11 avril 2011.

Dépôt légal avril 2011.
EAN 9782290028469

ÉDITIONS J'AI LU
87, quai Panhard-et-Levassor, 75013 Paris

Diffusion France et étranger : Flammarion